企业品牌的设计与经营研究

孟祥芸　著

北　京
冶　金　工　业　出　版　社
2020

内 容 提 要

本书从品牌建设与发展的历程出发，重点介绍了品牌的价值、识别、创造、管理以及价值管控。书中品牌设计与经营的探索研究，进一步丰富了中国本土原创品牌管理理论，并具有一定的实用性。

本书可供企业家、品牌经理人和品牌研究者阅读，也可供高等院校有关专业的师生参考。

图书在版编目(CIP)数据

企业品牌的设计与经营研究／孟祥芸著．—北京：冶金工业出版社，2020.8
ISBN 978-7-5024-6185-0

Ⅰ.①企…　Ⅱ.①孟…　Ⅲ.①企业管理—品牌战略—研究—中国　Ⅳ.①F279.23

中国版本图书馆 CIP 数据核字(2020)第 151244 号

出 版 人　陈玉千
地　　址　北京市东城区嵩祝院北巷 39 号　邮编　100009　电话　(010)64027926
网　　址　www.cnmip.com.cn　电子信箱　yjcbs@cnmip.com.cn
责任编辑　高　娜　美术编辑　郑小利　版式设计　禹　蕊
责任校对　李　娜　责任印制　李玉山
ISBN 978-7-5024-6185-0
冶金工业出版社出版发行；各地新华书店经销；三河市双峰印刷装订有限公司印刷
2020 年 8 月第 1 版，2020 年 8 月第 1 次印刷
169mm×239mm；11.5 印张；224 千字；173 页
68.00 元

冶金工业出版社　投稿电话　(010)64027932　投稿信箱　tougao@cnmip.com.cn
冶金工业出版社营销中心　电话　(010)64044283　传真　(010)64027893
冶金工业出版社天猫旗舰店　yjgycbs.tmall.com
（本书如有印装质量问题，本社营销中心负责退换）

前　言

纵观国内外企业品牌的发展历史，可以看到无数品牌曾经声名显赫，却只是昙花一现，风光一时；但也有许多产品品牌几经生死，却又浴火重生，百炼成钢，铸就辉煌，有的品牌甚至历时百年而风采依旧。那些伟大的品牌是如何炼成的？又如何得以不朽？中国企业能否走出低档品牌同质化价格竞争的困境，创建更多的高价值品牌？中国企业有可能塑造不朽的品牌吗？是否能探索出一些适合中国企业品牌建设的原创理论与方法呢？

从中国制造到中国创造，中国品牌的发展过程是一个艰辛的探索历程。探寻适合中国企业的品牌发展路径，需要探索适合本土企业发展，具有差异化竞争优势的原创理论，需要创建具有中国特色的品牌价值成长模式，需要发展更多先进的品牌设计管理理念、模式、工具和方法，需要系统地提升品牌设计与运营的能力。在多年品牌研究与品牌管理实践中，作者积累了许多心得，也一直想撰写一本适合中国企业家、品牌经理人和品牌研究者阅读和探讨的、具有本土特色、理论与实践相结合的著作。本书的创作与出版，是在作者众多研究成果基础上的思考、完善与提升，也希望通过品牌设计与经营领域的探索研究，进一步丰富中国本土原创品牌管理理论，为促进本土企业的品牌建设与发展尽些微薄之力。

相对于品牌管理，品牌经营重点探索如何创新与应用先进的品牌管理方法与工具，探索更有效的品牌战略和品牌运营模式，更为关注品牌经营的效率和效益。重溯“品牌本质”，重建“品牌价值”，创新“品牌价值管理”的模式、方法与工具，探寻做快、做大、做强、做长品牌的法则与路径，是本书在创新品牌理论和品牌经营实践中研究与探索的重点。

在中国品牌设计与经营的历程中，中国的土地和人民是中国品牌的根基；中国深厚的文化、历史与价值观是中国品牌的灵魂；中国制造与中国创造是中国品牌的脊梁；对于真、善、美的追求与坚守，是中国品牌的良心；对客户价值的持续尊重、创造与满足，则是铸就中国品牌的王道。随着消费者消费理念与价值需求的持续变革与发展，基于客户价值需求创造与满足，持续发展品牌价值创造能力、品牌价值经营能力、品牌资产运营能力、品牌化组织的发展能力，也正成为企业发展中的关键成功因素。诸多品牌经营理论与方法的提出，也致力于提炼和发展新的品牌管理模式，帮助更多中国品牌探寻做快、做大、做强、做长的方法，促进更多本土企业实现兴业济世、富民强国的梦想。

今天，中国有世界最为活跃、最为广阔的市场，中华民族是世界上最善于创造品牌的民族之一，蕴藏着极大的创造品牌的激情和能量，我们有条件确立自己的文化规则，有条件改变市场规则，从而让西方的技术规则为我所用。

在这片最具有竞争活力的热土上，中外企业共同进行的品牌试验和品牌竞争将是世界品牌发展史上最伟大的创举。只要我们虚心学习世界品牌的先进经验，融入现行的国际贸易规则之中，完全有可能逐渐参与到世界品牌秩序的重构进程之中。

本书在撰写过程中，参考了有关文献资料，对文献作者表示衷心的感谢！

由于作者水平所限，书中不妥之处，恳请读者批评指正。

南阳理工学院　孟祥芸

2020年4月

目　录

第一章　品牌概论

知古可以鉴今。理解与经营品牌，从探寻先贤的智慧，了解品牌的概念、内涵与本质，了解品牌理论与实践的发展历程开始。

继承可以促进创新，理论可以指导实践。本章从历史的视角探析了品牌的中国源流；从真、善、美的视角深入探析了品牌的概念，并重构了品牌的内涵与价值本质；从时间、空间、人的视角深入探析品牌价值的概念，并重构了品牌价值的概念、内涵与本质；从客户价值的视角概述了品牌资产管理的相关理论；从发展的视角概述了数十年来经典的品牌理论，以飨读者。

第一节　中国品牌渊源

一、图腾崇拜

中国品牌的历史渊源可追溯至远古时代。洪荒时期，人们还处在蒙昧状态，对许多自然现象既不能认识和理解，又不能掌握和控制，因而逐步以自身生存环境中所熟悉、所敬畏的某种动植物、自然现象为主体，产生了神秘关系联系和偶像崇拜；将希望寄托在偶像身上，期望偶像能护佑自己和部族，消灾祈福，并将逐步神化的偶像奉为神灵，甚至族群祖先，并以它的形象作为自己族群的特色标志或象征，形成“图腾崇拜”。图腾标志是最早的社会组织标志和象征，也是品牌标识的最早形态。

据翦伯赞先生所著《先秦史》考证：东方伏羲氏为蛇（或龙）图腾，北方犬戎族为犬图腾，南方部族大多以猛兽为图腾，中部炎帝族为牛图腾，西方黄帝族的首领黄帝号有熊氏以熊为图腾。其他氏族多以熊、罴、貔、貅、虎为图腾。西南蜀地的远古图腾随着三星堆文化遗址中太阳鸟金箔标识的发现，以实物的方式证实太阳神鸟图腾是其主要的氏族神，以此产生太阳神鸟为图腾徽铭的文化图腾。作为中国文化图腾的重要代表，太阳神鸟标识目前也已成为中国文化遗产的标志。

世界上大多数民族都曾存在过图腾文化，图腾崇拜是一种文化现象，也是一种宗教现象，包括宗教、民俗、法律、文学艺术、婚姻等内容。

（1）图腾禁忌。一般禁止杀害或食用图腾所代表的物种。

（2）图腾崇敬。相信族群与图腾之间的关系为亲缘关系，其群体成员必须崇拜图腾。

（3）图腾标志。族群成员的身体装饰，日常用具、住所、墓地的装饰，均采用图腾标志。

（4）图腾仪式。族群男女达到规定年龄，必须举行图腾入社仪式，并有定期的图腾祭祀活动。

（5）图腾信仰。族群把图腾作为个人、胞族、部落、氏族的保护神，相信它具有超自然的力量，既能降福于人，又能为人排忧解难；并将图腾信仰神圣化、合法化，使之成为维护社会秩序的准则。

（6）图腾差异。不同族群的图腾信仰与图腾标志具有显著差异，具有相互区别的作用。

二、器物的标识符号

在以炎帝、黄帝、神农氏为代表的“三皇”时期，华夏先民就已经开始在陶器上绘图作画，使用各种标记符号，它可算是中国品牌的历史源头。1955 年在陕西发现的半坡人面鱼纹盆，盆底上部的圆既像人脸，又像太阳；上有鱼头，下有鱼尾；人脸的耳朵上插着两条鱼，嘴里叼着一条鱼。可以看出，当年人们以捕鱼为生，基于鱼崇拜创造了人鱼图腾。作为中华文明的代表文化和一个时代的文化符号，半坡人面鱼纹盆揭示了华夏先祖在 6000 多年前就已经成功地创造和使用形象符号标识文化图腾，提炼和传达生活、工作信息，标识和美化产品。

在西周墓葬出土文物中，发现有封建领主产品的标志和各种官工的印记。在山东寿光出土的西周“已候”钟，铭文刻有“已候作宝钟”五字。“良季鼎”的铭文上刻有“良季作宝鼎”字样。从春秋战国出土的文物中，还发现有不少民间手工业者制造的陶器、漆器以及绢绣等产品上面，都刻印有“某记”造的字样。从这些时期的出土文物来看，物品上刻有的铭文、年号等标记符号，多数只是起到器物制造人、所有人的标识符号或者装饰、纪念的作用，还没有发展为具有商业意义的标识与标志。

三、商业标识

汉代以来，随着手工业发达和商业的兴起，商品种类日趋繁多，市场上开始有了竞争。商人为了开拓商品市场，多以制作该产品的能工巧匠的名称或者与商品有关的故事及历史命名商品。根据史书《三辅决录》中记载：“夫工欲善其事，必先利其器，用张芝笔、左伯纸及臣墨。”这说明，当时东汉市场上著名的文具品牌，如“张芝笔”“左伯纸”“韦诞墨”等，都是用知名商品制作者为商品命名，以体现商品的品质与特色，便于顾客了解和购买。在《汉书王尊传》等文史资料中，还能见到“翦张禁”“酒赵放”等商品品牌记录，说明在汉朝时期，商品使用标记已经十分普遍。

隋朝时期，伴随着雕版印刷等印刷术的发明和使用，具有近代广告特点的印刷广告也出现了，品牌经营思想和方法得到了更广泛的发展。

北宋时期，济南刘家针铺所用的广告铜版雕刻现存于中国历史博物馆，它是我国商标与广告领域，也是世界商标史上极为珍贵的历史文物。广告铜板宽12.5厘米，高13厘米，上部雕刻着“济南刘家功夫针铺”的标题；中间是“白兔捣药”的图案，图案左右标注有“认门前白兔儿为记”；图案下部刻有说明商品质地和销售办法的广告文字：“收买上等钢条，造功夫细针，不偷工，民便用，若被兴贩，别有加饶，请记白。”整个版面图文并茂，白兔儿捣药相当于店铺的标记，广告化的文字宣传突出了针的质量和售买方法。这幅广告既可以用作针铺的包装纸，也可以用作广告招贴，有利于刘家针铺的品牌宣传。

四、商号的品牌经营

明清时代以来，受儒家“以义取利”思想的影响，商家在商业活动中更为讲究商业道德与商店信誉，更注重商号的文化内涵和经营理念，更注重维护商号的名声和信誉，并将之作为传家之宝全力维护。经常历经数代传承而恪守仁义之道，恪守行规，恪守祖训，并传下许多历史佳话。

已有300多年历史的北京同仁堂药店，其创始人清代明医乐显扬，遵从“同修仁德，济世养生”的经营理念创立同仁堂，秉承“修合（制药）无人见，存心有天知”的商业信条，无论贫富，一视同仁，童叟无欺。著名的“全聚德”烤鸭店，创于1844年，以“全聚德”为自己的招牌字号，取其“全仁聚德，财源茂生”的寓意。百多年来，全聚德始终坚持了以仁聚德、以德聚财的经营理念，坚持精选鸭源，坚守工序，持续改良工艺，品质百年不变。出众的客户口碑也确保了全聚德品牌的百年传承。

回望千年历史，品牌的中国源流，比西方更为久远和深邃。近代以来，中国商人对于商号和招牌经营的理解已经非常接近于现代品牌经营管理的思想，对于品牌价值理念、产品价值和客户价值的理解和把握甚至更为彻底和精深。国人过去可以，现在和未来也应该能够更好地继承和创新中国特色的品牌经营模式，创造、经营与发展出更多优秀的中国民族品牌。

第二节 品牌本质

一、品牌概念

品牌的概念来自西方，英文单词brand源出古挪威文brandr，意思是“烧灼”。人们用这种方式来标记家畜等需要与其他人相区别的私有财产。在中世纪的欧洲，手工艺匠人用这种打烙印的方法在自己的手工艺品上烙下标记，以便顾客识别产品的产地和生产者。这就产生了最初的商标，并以此为消费者提供担保，同时向生产者提供法律保护。16 世纪早期，蒸馏威士忌酒的生产商将威士忌装入烙有生产者名字的木桶中，以防不法商人偷梁换柱。到了 1835 年，苏格兰的酿酒者使用了“Old Smuggler”品牌，以维护采用特殊蒸馏程序酿制的酒的质量声誉。

在不同的社会环境和历史阶段，社会公众和学者对于品牌的认识和理解不同。

Burleigh B. Gardner 和 Sidney J. levy（1955）认为，品牌具有一组能满足顾客理性和情感需要的价值，它的创建应该注重开发一种个性价值。

奥格威（1955）认为，“品牌是一种错综复杂的象征，它是品牌属性、名称、包装、价格、历史、声誉、广告方式的无形总和。品牌同时也因消费者对其使用者的印象，以及自身的经验而有所界定”。

非利普·科特勒(Philip Kotler)(1997)指出，品牌就是一个名字、称谓、符号或设计，或是上述的总和，其目的是要使自己的产品或服务有别于其他竞争者。

在《牛津大辞典》里，“品牌”被解释为“用来证明所有权，作为质量的标志或其他用途”，即用以区别和证明品质。一般认为，品牌是一种名称、术语、标记、符号或图案，或是它们的相互组合，用以识别某个销售者或某群体销售者的产品或服务，并使之与竞争对手的产品和服务相区别。

二、马斯洛需求层次理论

品牌的发展源于人的需求的产生与满足。笔者认为，深入理解品牌，需要从人的需求和心理及行为研究开始，因此也有必要重温作为行为心理学的重要基础，至今仍有重要借鉴意义的马斯洛需求层次理论（Maslow’s hierarchy of needs），并重新思考新时期的消费者需求的缘起与满足，重新思考和解读品牌，重新理解与解读消费者与品牌的关系。

1943 年，美国心理学家亚伯拉罕·马斯洛在《人类激励理论》论文中提出需求层次理论。该理论认为，人类的需要是分层次的，由低到高。它们是：生理需求、安全需求、社交需求、尊重需求、自我实现需求。以下是其主要内容。

（一）生理上的需求

这是人类维持自身生存的最基本要求，包括对以下事物的需求：呼吸、水、食物、睡眠、生理平衡、分泌、性等。马斯洛认为，只有这些最基本的需求满足到维持生存所必需的程度后，其他的需求才能成为新的激励因素，而到了此时，这些已相对满足的需要也就不再成为激励因素了。

（二）安全上的需求

这是人类在生存之后的基础需求：人身安全、健康保障、资源所有性、财产所有性、道德保障、工作职位保障、家庭安全。马斯洛认为，整个有机体是一个追求安全的机制，人的感受器官、效应器官、智能和其他能量主要是寻求安全的工具，甚至可以把科学和人生观都看成是满足安全需要的一部分。当然，这种需要一旦相对满足后，也就不再成为激励因素了。

（三）社交的需求

该层次包括对以下事物的需求：友情、爱情、性亲密等。马斯洛认为，人人都希望得到相互的关心和照顾。感情上的需要比生理上的需要来得细致，它与一个人的生理特性、经历、教育、宗教信仰都有关系。

（四）尊重的需求

该层次包括对以下事物的需求：自我尊重、信心、成就、对他人尊重、被他人尊重。马斯洛认为，尊重需求得到满足，能使人对自己充满信心，对社会满腔热情，体验到自己活着的用处和价值。

（五）自我实现的需求

该层次包括对以下事物的需求：道德、自觉性、问题解决能力、公正度、接受现实能力。马斯洛提出，为满足自我实现需求所采取的途径是因人而异的。自我实现的需求是在努力实现自己的潜力，使自己越来越成为自己所期望的人物。

马斯洛于 1969 年发表了论文《Z 理论——两种不同类型的自我实现者》，提出了两种不同类型的自我实现者的区别。后来这篇文章被收入了他去世后出版的《人性能够达到的境界》一书。在这篇文章中，他一共归纳了 24 条两种不同自我实现者的区别。其中最重要的一条是：一种自我实现者没有或者很少有超越性体验（即高峰体验），另一种自我实现者经常有超越性体验。前者是“超越型的自我实现者”，后者是“健康的自我实现者”。两者的区别主要在于，前者有较多的高峰体验，而后者没有。

（六）需求的层次

马斯洛认为，个体成长发展的内在力量是动机。而动机是由多种不同性质的需求所组成，人的各种需求之间，有先后顺序与高低层次之分；像阶梯一样从低到高，按层次逐级递升；每一层次的需求与满足，将决定个体人格发展的境界或程度。通常情况下，需求层次理论都是层层上升不会产生越级跳跃，但是由于客观环境的变化，也会产生一定的变化。

1954年，马斯洛在《激励与个性》一书中探讨了他早期著作中提及的另外两种需求：求知需求和审美需求。这两种需求未被列入他的需求层次排列中，他认为这二者应居于尊重需求与自我实现需求之间。

值得重视的是，马斯洛在晚年还明确地提出了“超越性需求”（metaneeds）的概念。马斯洛指出，有超越性体验的自我实现者与没有超越性体验的自我实现者相比，其潜能的发挥更加充分，其自我实现的程度要更高一些。马斯洛指出，“我们需要某种‘大于我们的东西’作为我们敬畏和献身的对象。”[1] 但是，马斯洛并没有明确提出自我实现之上还有更高的一个需求。

马斯洛心理学理论的重要内容是人通过“自我实现”满足多层次的需求系统，达到“高峰体验”，重新找回被技术排斥的人的价值，实现完美人格。他认为人作为一个有机整体，具有多种动机和需求，包括生理需求、安全需求、归属和爱的需求、自尊需求和自我实现需求。其中自我实现的需求是超越性的，追求真、善、美，将最终导向完美人格的塑造，高峰体验代表了人的这种最佳状态。

三、品牌的本质——关系

笔者认为，有效地建设与经营品牌，需要借鉴马斯洛理论去重新认识和解读品牌的本质，并系统完成品牌与消费者的关系建构。品牌是在构建与满足品牌消费者及利益相关者各层级需求，发展与消费者价值关系的过程中逐步创建与发展起来的。生理需求、安全需求为品牌与消费者之间创建功效价值关系，通过构建品牌功能价值，通过功效沟通与体验，为构建品牌价值关系提供基础。社交需求与尊重需求为品牌与消费者之间建立情感关系，通过构建品牌情感，实现情感沟通，为增强个人与社交群体的情感联系提供基础。自我实现需求为品牌与消费者之间建立精神关系，通过构建品牌精神与精神沟通，为实现精神契合提供基础。需要指出的是，品牌关系基于消费者需求与需求的持续满足而产生与维系，品牌关系不是一种简单的递进关系，而是一种可以独立存在，或者相互共存，甚至相互融合的关系。

笔者认为，品牌在本质上可以理解为是品牌消费者及利益相关者与品牌及品牌所有者构建的一种关系联系，一种以“真、善、美”为核心的关系联系，具体包括品牌价值关系、情感关系、精神关系。品牌在概念上可以理解为一组可认知的名称、符号与象征，一组价值、情感与精神关系联系，一种长期体验的总和。

对于品牌本质的重新解读也是笔者建构本书品牌管理理论体系的重要思想基础。

---

[1] 马斯洛：存在心理学探索［M］．李文恬，译．昆明：云南人民出版社，1988：6.

（一）品牌关系的本质——“真”“善”“美”

“真”的本质是人、事、物之间逻辑关系的一致性与贯通感。就品牌而言，“真”很多时候是指消费者与品牌的价值关系的契合，是品牌形与神的一致性、内容和形式的一致性，是功能与效果的一致性、价值与价格的一致性，更是为大众层面的消费者对于品牌认知与体验合理的、基于价值的逻辑关系。在心理学意义上，“真”向内映射品牌所有者的“诚”与“敬”，由诚至真，向外传递品牌产品与服务的价值，进而由真至信，向外传递品牌价值承诺，建立消费者的品牌识别与品牌信任，完成品牌所有者与消费者品牌信任关系的构建。

“善”的本质是合法利己，合理利他，是主客体之间的利益关系的契合，也是情感关系的契合。就品牌而言，“善”更多代表品牌与消费者的“善”的联系，代表着品牌对于消费者的精神共鸣、价值承诺、人性关怀、情感构建，以及由此带来的更为群体化的消费者对于品牌的情感关联与心理契合关系，以及品牌消费者之间的共同心理认知、心理认同与心理契合关系。

“美”的本质是主客体间在生理与心理上的认知、认同与契合关系，以及由此产生的心理、生理乃至理性的认同感与愉悦感。就品牌而言，“美”更多代表一种消费者对于品牌的愉悦的个性化审美体验、心理体验与心理契合关系。

求真、求善与求美既有内在的逻辑统一性，又有显著的差异性。从人类社会的发展历程看，求真产生了科学，求善产生了宗教，求美产生了艺术。科学、宗教与艺术交相辉映，共同促进了人类文明的发展与进步。对于古朴而又现代的“真、善、美”为中心的社会价值观的重新认识与解读，也有助于我们重新认识品牌的本质，有助于更好地建设和经营品牌。

从品牌角度对“真、善、美”的再解读出发，品牌在内在价值基因与发展机理上，存在相互作用、动态演进的品牌三大核心价值基因与三大核心客户价值。对组织而言，品牌的三大核心价值基因包括品牌功能价值、品牌情感价值、品牌观念价值。对客户而言，品牌的三大核心价值基因包括品牌功效价值、品牌关系价值和品牌个性价值。人类的发展与人的需求的进化历程，与组织品牌的价值成长历程是一个在特定时空中物质、能量、信息关系交互演进的动态发展进程。品牌的进化，也包含品牌功效价值，到品牌关系价值，到品牌个性价值的三个交互演进的发展层面。本书的品牌经营理念与经营模式的构建，也从品牌底层最基础的哲学与心理学本质的理解和构建起始。

（二）“真”与品牌的功能价值

在很长的历史时期，在更为广泛的大众层面，消费者对于品牌所承载的价值需求更具有基础性和广泛性。消费者更为关注品牌所承载的产品的功能与功效价值的真实性与一致性，产品价值与价格的一致性，更为注重品牌组织与品牌产品的品质、服务、历史文化内涵等品牌价值元素与品牌消费体验的一致性。

与之相应，组织品牌经营的基础理念是求真持真，创造货真价实的产品和服务，以品牌的出色功能价值满足消费者对于产品和服务的功效价值需求和利益满足，实现消费者对于品牌价值的一致性、可靠性、因果关系的紧密性相关的认同和信任。

“千年帝都，牡丹花城”“上有天堂，下有苏杭”对于宜居环境的褒扬，“国窖1573”百年老窖酿好酒，“云南白药”主成分“三七”拥有止血功效，“东阿阿胶”以驴皮主原料善补血等品牌功效价值的广泛传播，更多的是组织对于品牌所承载的产品与服务品质以及地理、历史、文化的真实性的客观表述。

（三）“善”与品牌的情感价值

善的本质是合法利他，合理利己，更多的时候是一种群体利益关系与价值观的群体认同方式。随着社会发展和消费者消费理念和消费方式的进化，消费者对于品牌的选择和消费模式显现出具有共性特征的群体关系属性。品牌消费者群体更具有阶层性和群体性，更为关注品牌所承载的情感价值，更为关注品牌与品牌消费群体的情感契合与心理认同，更为关注品牌消费群体内部的情感联系与关系认同，关注品牌与品牌消费群体情感关系的特殊性与一致性。

千年以前，老子即在《道德经》中指出，“上善若水，水善利万物而不争；居善地，心善渊，与善仁，言善信，正善治，事善能，动善时。”此时以老子所倡导的“善”为核心的情感理念与人际关系理念就已成为中国文化源脉中所倡导的至高群体价值观诉求之一，与孔子所提出和倡导的以“仁者爱人”为核心的儒家价值观，以及西方文明博爱价值观交相辉映，共同成为人类社会最为广泛认同的社会群体价值理念，备受尊崇。善在人类人际关系行为中包含了父慈子孝、兄友弟恭，包含了救死扶伤、助人为乐、乐善好施等言行内容。父慈子孝、兄友弟恭促进了人类种群与家族的延续与发展；乐善好施、助人为乐促进了社会族群的和睦发展与共生共荣。这是善的社会与群体意义。善在品牌经营中代表着一种易于得到品牌消费群体认同的合法利他理念，即品牌拥有者通过优质产品和诚信服务创造客户价值，满足客户需求，获得品牌消费群体认可并取得效益。善在品牌关系的构建意味着组织与品牌消费者和利益相关者良性利益联系，以及品牌消费群体间基于共同价值认同、情感认同所建立的情感关系联系。

与之相应，组织品牌经营的核心理念也进化为向善行善，通过精益求精的产品和服务创造品牌价值，在深度的客户关系沟通和互动中创造并维护品牌与消费者的情感联系，在消费者与品牌的愉悦消费体验中实现消费者的情感价值需求，建立和维护深度情感关系。品牌情感关系发展的重中之重是增强品牌消费群体之间的情感价值认同、互利关系认同和群体情感归属。品牌的情感价值建设意味着组织需要更为注重品牌消费者群体的情感认同与契合，更为注重产品与服务的情感价值理念、情感诉求元素的梳理和提炼，致力于与目标消费群体建立更为深入、更为紧密的情感认知和互利关系认同、情感认同，巩固与消费群体间的情感联系，创造条件增强消费群体间的互动交流与情感、利益认同。

生活和研究中的大量案例也证实，使用同一品牌已成为品牌消费者群体建立身份地位识别，实现群体情感认同、关系认同的重要模式。例如，苹果手机的使用者多为追求时尚与科技感的年轻一代，奥迪汽车的驾乘者多为性格内敛的成功商务人士，哈雷摩托车的驾乘者多为向往自由生活的潮流一代。

（四）“美”与品牌的观念价值

美是一种心理体验，在更多时候，是人与人或物之间构建的一种群体性心理体验关系，故曰审美。随着社会的发展和对人的个性化发展的尊重，以及个性化消费模式的日趋普及，消费者的思维方式、行为模式和消费模式更为个性化，更为关注以美为核心的社会价值追求与个性价值诉求。消费者对于品牌的选择与消费显现了更多的个性化特征，更为关注自由、平等、博爱、独立为代表的个性化价值观诉求，更为关注个人价值追求与自我实现，更为关注个性化的生活理念和生活方式，更为关注个性化的审美体验，更为关注个性化的消费体验和身心愉悦感。

信息技术的进步和互联网的发展，促进和催生了以自我表达和个性化发展为主体的个性化时代的到来。以个性化即时通信为代表的腾讯公司的兴起，以个性化搜索为代表的谷歌公司、百度公司的兴盛，以个性化社交为主题的脸书和推特的兴起，以个性化博客、微博为代表的新浪微博的兴起，从诸多角度验证了信息文明时代个性化思维、个性化发展、个性化消费的大趋势。

与之相应，组织品牌经营的核心理念也进化为审美乐美。组织应更为注重挖掘、提炼和塑造品牌的独特价值理念和个性化的价值观追求；更为注重建设独特的组织文化和经营模式；更为注重建立个性化的品牌形象；更为注重提供个性化的产品与服务，致力于实现客户个性价值追求和个性价值满足；更为注重与消费者的个性化沟通和互动，构建消费者间的个性化沟通和交流平台。通过系统规划和经营促进与消费者的深度的价值观契合、情感契合与利益认同，建立消费者的个性化品牌偏好与品牌美誉，与消费者建立深度的情感关系与利益关系，直至品牌忠诚。

维珍“反叛传统”品牌精神的创建与经营，美特斯·邦威“不走寻常路”“不跨寻常界”品牌理念的营销，以及安踏“永不止步”品牌精神的提出和企业的良好发展，也有力地契合与证实了信息文明时代品牌建设与经营的精髓。

第三节 品牌价值

探寻组织塑造品牌的路径，必须回归品牌价值管理，在时间、空间和人性动态发展演化的三维体系中透彻地理解品牌的价值本质，深入把握组织品牌的价值基因和价值成长模式，并在此基础上系统规划和提炼组织品牌的价值基因，有效地发展和经营品牌，持续提升组织的品牌价值与品牌资产。

一、品牌价值的概念

品牌价值是一种品牌权益。基于这个认识，20 世纪 80 年代以来，关于品牌权益的研究开始在西方盛行。品牌价值是品牌权益的主要方面。

卡内基·梅隆大学的皮特教授认为，品牌权益是指“对企业、经销商或消费者而言，品牌赋予产品的附加价值”。

戴维·阿克教授认为，品牌权益指“与品牌、品牌名称和品牌标识等相关的一系列资产或负债，它们可以增加或减少通过产品或服务给企业和（或）顾客的价值”。一般而言，品牌权益包括财务权益、顾客权益和延伸权益。品牌价值是品牌权益的核心，以财务价值为基础的品牌权益可以比较准确地显示品牌的价值。戴维·阿克认为，品牌作为一种资产，其价值衡量和构成有五个方面：一是该品牌名称可以给价格带来多少的额外价值；二是品牌名称对顾客的选择喜好会产生多大的影响；三是品牌被取代要付出的代价；四是该品牌的股票价格；五是该品牌创造利润的能力大小。

在品牌价值的定义上，凯文·凯勒（2003）提出，品牌价值是品牌客户、渠道成员和母公司等方面采取的一系列联合行动，能使该品牌产品获得比未取得品牌名称时更大的销量和更多的利益，还能使该品牌在竞争中获得一个更强劲、更稳定、更特殊的优势。源自新古典主义价值理论的观点认为，品牌价值是人们是否继续购买某一品牌的意愿，可由顾客忠诚度以及细分市场等指标测度。这一定义则侧重于通过顾客的效用感受来评价品牌价值。

笔者认为，品牌价值是品牌所有者和利益相关方与客户的关系价值，包含了品牌内在的功能价值、情感价值、观念价值等诸多要素的总和。一定程度上，要素具有使品牌价值倍增的乘数关系效应。即

$$\text{品牌价值} = \text{品牌功能价值} \times \text{品牌情感价值} \times \text{品牌观念价值} \times \text{关系密度} \times \text{关系强度} \times \text{关系交互度} + \text{其他因素}$$

对组织而言，高品牌价值意味着更有力的组织能力、更高的溢价、更大的市场规模、更强的品牌延伸能力，以及更紧密的客户关系。

二、品牌价值的内涵

品牌价值从客户价值角度，包括品牌的功能价值、情感价值与观念价值；从客户心理角度，包括品牌知名度、品牌美誉度、品牌偏好度等；从企业能力角度，包括品牌的稳定性、成长性、创新能力、延伸能力等；从财务角度，包括品牌的溢价能力、品牌的超额盈利能力等；从营销角度，包括品牌产品的市场销量、市场占有率等。这些都构成品牌价值的决定因素。

在品牌价值实现环节，基于可测量性的考虑，品牌的市场占有率和高盈利能力也成为两大重要的品牌价值决定因素。

（1）品牌的市场占有率（销售额）。品牌价值首先取决于品牌的市场占有率，主要指品牌相关产品的市场销量和市场占有率。这是品牌价值的基础，也是品牌竞争力的直接表现。

（2）品牌的高盈利能力（净盈利水平）。品牌价值也取决于品牌的高盈利能力，主要指品牌相关产品可以获得比同类产品更高的售价和利润。

一个品牌要同时具有较高的市场占有率和超额盈利能力，才真正具有竞争力。品牌价值的评估也可以看作是品牌竞争力的量化分析。

三、品牌价值的本质

笔者认为，品牌价值的本质是特定的空间、时间进程里，特定目标客户群体的特定客户价值。组织的品牌价值随着特定空间、时间和人的价值需求变迁与进化而动态发展与成长。本节将详细阐释。

（一）品牌价值是组织与人的价值关系构建与发展的历程

品牌是组织与消费者价值关系构建的历程。随着社会经济、文化、技术的发展和进化，消费者以欲望、需求为导向的消费方式、消费能力、消费理念和消费层次都在发展与进化，品牌作为消费者与组织的关系联系，作为对于商品和服务的价值选择和价值消费的载体和桥梁，也在不断地发展、进化与强化，品牌价值也相应地在不断发展与深化，品牌价值逐步从消费者关注的功能价值联系拓展到情感价值联系、观念价值联系。品牌的价值属性从有形拓展到无形，品牌的价值表现形式也从产品价值拓展到无形资产价值。品牌的内涵正日趋丰富，承载的功能越来越多，创造的价值也越来越多。消费者价值观念从商品的“物化价值关系”向商品的“情感价值关系”，以及“观念价值关系”的并存、升级甚至协同构建，也引发了消费模式、商品结构、商业模式等一系列变革。

品牌是客户的价值认知符号。这是一个生产冗余、产品富足的时代，多数同质化产品供过于求，但是品质卓越，切实满足客户个性化价值需求的产品又不充足。这是一个信息过剩的时代，信息充盈而泛滥，但是实时有益的信息又难以有效获取。对于消费者而言，只有消费者对品牌的感知与其自身的价值体系相吻合，并建立基于信任的价值联系时，消费者才会做出积极的购买行为。面对选择困难，品牌成为企业所提供价值的陈述与表达，也成为消费者对企业和产品的价值识别符号。出色的品牌符号，代表着坚实的客户价值和客户承诺；广泛传播、易于识别的个性化品牌形象，也有助于客户知晓、认同和信任，降低了消费者选择的复杂性，以及优秀产品的获得与使用成本，提升了客户的消费价值。

品牌是客户的价值信仰。面对假冒伪劣产品和虚假广告的伤害，以及海量信息的困扰，品牌也越来越成为一种消费者的道德价值信仰，成为一种对于产品品质、功效、安全、健康等客户价值的利他承诺，成为环保、就业、社会公益等的社会责任的承担。

面对同质化产品以及公式化生活的厌倦，品牌越来越与消费者的个性价值信仰相契合，并逐步构建起情感与精神联系。品牌消费成为消费者张扬个性、表达自我的方式，成为消费者寻求群体认同、寻找情感归属的管道。具有独特观念价值和个性风格的品牌，也在回归人性价值本质的路途中吸引和聚集自己的客户群体，建立情感依附，拓展自己的成长空间。

社会呼唤执着于真、善、美的企业和品牌，那些优秀的组织和品牌，也在创造客户价值、承担社会责任的同时，因其高品质的产品和服务获得更多的客户信任，获得更高的产品溢价，获得更多的销量，获得更大的价值成长。

（二）品牌价值是时间积淀的历程

“罗马不是一天建成的”，品牌建设也是如此。需要指出的是，品牌建设是一个长期的过程。那些堪称伟大、具有全球影响力的企业所拥有的产品品牌，无不经历了长期的产品发展和创新的过程，无不经历了漫长的客户认知、认可过程，无不经历了残酷市场竞争的洗礼，无不是企业资源和能力长期积聚的结果。分析全球 50 大品牌的上市时间，始于 1990 年以前的占 26%，始于 1949 ~ 1999 年间的占 32%，始于 1950 ~ 1979 年间的占 32%，只有 10% 的新兴品牌始于 1980 ~ 1998 年间。在中国，以中国石油、中国移动为代表的大型国有企业品牌的崛起，在自身努力之外，也是国家垄断资源长期集聚的结果。

自改革开放以来，中国以联想、海尔、TCL、李宁为代表的、在市场拼杀中脱颖而出的领先品牌，多数只有二三十年的历史，在成长道路上也面临着众多问题和挑战。而众多在国内市场中逐步崭露头角的企业品牌，尽管有了相当的品牌知名度，但是中途经历波折，甚至倒下、落败的品牌也有很多。中国许多手机品牌的迅速崛起与迅速沉沦，说明强势品牌的创建和发展还需要更长时间的考验。

信息时代，随着信息技术与信息时空的发展，以谷歌（Google）、脸书（Facebook）、百度、阿里巴巴、腾讯等为代表的网络公司的迅速成功，似乎提供了一种崭新的范例——网络公司可以成功地在非常短的时间内建立起强势和成功的品牌。但是，从更大的空间范围和更长的时间历史历程来看，品牌是历经时间才能建立起来的。企业的成长和发展、创建品牌需要时间，品牌的价值载体产品的持续创新和发展需要时间，消费者建立与品牌的关系，建立品牌认知、偏好、美誉、忠诚也需要时间的积淀。组织需要逐步提升企业核心竞争力，持续提升管理水平和产品品质，在获得客户长期认可的基础上铸造坚强品牌，扩大市场占有率。在创建卓越品牌，迈向基业长青的路途中，中国企业仍有很长的路要走。

（三）品牌价值是空间拓展的历程

品牌的发展，也是一个空间层面持续拓展和丰富的发展历程。在品牌体系方面，品牌的发展经历了从单品牌到多品牌，从品牌价值链到品牌生态系统的发展历程。在品牌类别方面，品牌的发展经历了从组织品牌到产品品牌、文化品牌、质量品牌、服务品牌直至终端品牌的发展历程。在品牌沟通方面，品牌的发展经历了从厂商主导单向传播到客户主动搜索的，由单向到双向、多向的发展历程。在品牌的产品载体层面，产品的发展经历了从单一产品到复合产品，从产品解决方案到客户消费解决方案，从通用产品到个性化产品的发展历程。在客户消费层面，品牌的物质载体经历了从行商到坐商，从终端经销到网络营销，从客户上门到送货上门的空间迁移历程。品牌日益贴近客户，靠近客户。在地域发展方面，品牌的发展经历了从地域品牌，到国家品牌，到世界品牌的发展历程。品牌空间的拓展历程，是客户空间价值体验持续提升的过程，也是品牌价值持续成长的历程。

随着信息技术与现代物流业的飞速发展，对于时间与空间的认识也有了新的内涵。随着信息时空超越物理时空的快速发展与广泛应用，在新的时空范畴，品牌相关者的关系联系范围与关系构建模式也快速变革，品牌及品牌所依附的产品与服务所拓展的空间与时间范围也超越地理时空的限制而迅速扩大，品牌沟通与服务的空间与时间也在跨越地理限制迅速缩小。物理时空与信息时空的无限拓展也为未来品牌的创新与发展带来了无限可能。

第四节 品牌资产

一、品牌资产的定义

品牌资产（brand equity）的概念有多种定义。

戴维·阿克（David A. Aaker）认为，“品牌资产是能够为企业和顾客提供超越产品和服务本身的利益之外的价值”。法奎汉（Farguhar）认为，“品牌是给使用者带来超越其功能的附加值或附加利益”。Alexander L. Biel 认为，品牌资产是一种超越生产、商品及所有有形资产以外的无形资产。美国营销学研究所认为，“品牌资产是品牌的顾客、渠道成员、母公司等对于品牌的联想和行为，这些联想和行为使得产品可以获得比在没有品牌名称的条件下更多的销售额或利润，可以赋予品牌超过竞争者的强大、持久和差别化的竞争优势”。北京大学学者符国群（1998）认为“品牌资产是附着于品牌之上，并且能为企业带来额外收益的顾客关系”。

二、品牌资产的内容

关于品牌资产的内容，戴维·阿克在品牌资产五星模型中指出，品牌资产主要包括五大内容，即品牌认知度、品牌感知质量、品牌联想、品牌忠诚度和其他品牌专有资产（如商标、专利、渠道关系等），这些资产通过多种方式向消费者和企业提供价值。

对企业而言，品牌是代表企业或产品的一种视觉的感性和文化的形象，它是存在于消费者心目之中代表全部企业的东西，它不仅是商品标志，而且是信誉标志，是对消费者的一种承诺。品牌资产评估就是对消费者如何看待品牌进行评估和确认，因此也可认为，消费者才是品牌资产的真正审定者和最终评估者。

对于品牌资产的研究与品牌资产评估，在世界范围内正成为品牌研究的重要领域。其中具有重要影响力的是戴维·阿克的理论，本节将重点予以介绍。

三、品牌资产评估方法

传统的品牌资产评估方法是基于会计方法与金融学方法，以产品销售量、成本分析、边际报酬、利润以及资产回报率等财务指标为主体评估品牌资产。由于企业的品牌经营属于长期性投资，而这些财务指标多半是短期性数据，而且都是企业主导的品牌认知，并非消费者主导的品牌认知，因此以短期性指标评价品牌绩效，往往会为企业的品牌投资与决策造成失误与损害。

企业需要更多地关注消费者的品牌认知，需要构建消费者导向的品牌资产内容与评估方法来系统地研究与评估品牌资产，检讨品牌经营者所设定的目标和策略，检讨企业的品牌资产与竞争企业品牌资产的差异，并以此为基础来规划和实施企业的品牌竞争策略。

阿克提出，品牌资产评估有五种方法：第一种方法是根据品牌名称能够支持的溢价水平确定品牌资产的价值；第二种方法是根据品牌名称对顾客偏好的影响程度确定品牌资产的价值；第三种方法是按照品牌的重置价值确定品牌资产的价值；第四种方法是根据股票价格确定品牌资产的价值；第五种方法是根据品牌的盈利能力确定品牌资产的价值。

阿克认为，评估品牌资产时还要解决另外两个至关重要的问题：一是企业其他财产的估价问题和品牌延伸的价值；二是关于企业其他财产的估价问题。首先，企业根据营运成本、存货、建筑物以及设备等有形资产确定其部分贴现的价值；然后，从估算的未来收益贴现值中减去估算的此类资产的价值，其余额为无形资产的价值。品牌延伸的价值评估是估算品牌延伸的收益流量（利用该品牌打入新产品市场时）。通常应该分别估算潜在品牌延伸的价值，并根据延伸市场的吸引力、增长情况与竞争强度以及延伸的优势等因素估算延伸价值。延伸优势是品牌联想与品质认知度的适应性、品牌延伸能够转化为持续竞争优势的程度以及品牌适于延伸的程度的函数。

四、品牌资产五星模型

1991 年，戴维·阿克（David A. Aaker）在综合前人研究成果的基础上，提炼出品牌资产的“五星”模型，认为品牌资产是由“品牌知名度(brand awareness)、品牌认知度（perceived brand quality）、品牌联想度（brand association）、品牌忠诚度（brand loyalty）和其他品牌专有资产”五部分所组成。以下是品牌资产五星模型的内容分析。

（1）品牌知名度。品牌知名度是消费者对一个品牌的记忆程度。品牌知名度可分为无知名度、提示知名度、第一未提示知名度和第一提示知名度四个阶段。新产品在上市之初，在消费者心中处于没有知名度的状态；如果经过一段时间的广告等传播沟通，品牌在部分消费者心中有了模糊的印象，在提示之下能记忆起该品牌，即到了提示知名阶段；下一个阶段，在无提示的情况下，能主动记起该品牌；当品牌成长为强势品牌，在市场上处于“领头羊”位置时，消费者会第一个脱口而出或购买时第一个提及该品牌，这时已达到品牌知名度的最佳状态。

（2）品牌认知度。品牌认知度是指消费者对某一品牌在品质上的整体印象。它的内涵包括功能、特点、可信赖度、耐用度、服务度、效用评价、商品品质的外观。它是品牌差异定位、高价位和品牌延伸的基础。研究表明，消费者对品牌的品质的肯定，会给品牌带来相当高的市场占有率和良好的发展机会。

（3）品牌联想度。品牌联想度是指透过品牌而产生的所有联想，是对产品特征、消费者利益、使用场合、产地、人物、个性等的人格化描述。这些联想往往能组合出一些意义，形成品牌形象。品牌联想度是经过独特销售点（unique selling proposition，USP）传播和品牌定位沟通的结果，提供了购买的理由和品牌延伸的依据。

（4）品牌忠诚度。品牌忠诚度是在购买决策中多次表现出来的对某个品牌有偏向性的（而非随意的）行为反应，也是消费者对某种品牌的心理决策和评估过程。它由五级构成：无品牌忠诚者、习惯购买者、满意购买者、情感购买者和承诺购买者。

阿克认为，品牌忠诚度是品牌资产的核心，如果没有品牌消费者的忠诚，品牌不过是一个几乎没有价值的商标或用于区别的符号。从品牌忠诚营销观点看，销售并不是最终目标，它只是消费者建立持久有益的品牌关系的开始，也是建立品牌忠诚，把品牌购买者转化为品牌忠诚者的机会。

（5）其他品牌专有资产。其他品牌专有资产是指品牌所拥有的商标、专利等知识产权的质量与数量，如何保护这些知识产权，如何防止假冒产品，品牌制造者拥有哪些能带来经济利益的资源，如客户资源、管理制度、企业文化、企业形象等。

阿克认为，品牌权益的五项内涵中，品牌认知度、品牌知名度、品牌联想度、其他品牌专有资产有助于品牌忠诚度的建立。其中品牌知名度、品牌认知度、品牌联想度代表顾客对于品牌的知觉和反应，而品牌忠诚度则是指顾客基础的忠诚度。阿克指出品牌权益的核心是品牌认知度和品牌联想度。

五、品牌资产十要素模型

戴维·阿克于1998年在品牌资产五星模型的基础上提出了品牌资产十要素模型，借以全面评估品牌资产。该评估系统兼顾了两套评估标准：基于长期发展的品牌强度指标，以及短期性的财务指标。

十个品牌资产评估指标被分为五个组别，前四组代表消费者对品牌的认知：品牌忠诚度、品牌产品与服务的品质认知、品牌联想度、品牌知名度。第五组则是品牌产品与服务的两种市场状况：品牌的市场占有率，以及品牌的市场价格与通路覆盖率，以此代表来自市场而非消费者的信息。

阿克的品牌资产十要素模型为品牌资产评估提供了一个更为全面、细致的范式。阿克的品牌资产评估模型的要素以消费者的品牌认知与品牌感受为主体，同时也加入了企业的市场业绩要素。品牌资产十要素模型所有指标都比较敏感，易于量化，可以以此来预测和评估企业品牌资产的变化，其既可以用于对品牌资产的连续性研究，也可以用于对品牌资产的专项研究。

阿克品牌资产十要素模型的不足之处在于，与企业利益相关者品牌认知相关的知晓度、满意度等指标，与公众对于品牌社会效益认知相关的环保、公益指标等还有所欠缺。同时，对于具体行业的品牌资产研究，品牌资产十要素模型指标还需要结合行业特色做出相应的针对性调整，以便更好地适应行业企业的特点。

六、品牌资产管理方略——品牌认知度、美誉度、偏好度、忠诚度

对于客户而言，品牌认知度、品牌美誉度、品牌偏好度、品牌忠诚度是不同的认知发展阶段，然而占据客户眼球和占据客户内心的还是两个不同的境界。就具体品牌而言，产品的品牌认知度、品牌美誉度、品牌偏好度、品牌忠诚度，直至客户对于品牌的激情和依附感的建立，也是一个长期的过程。

（一）品牌认知度

品牌认知度（brand cognitive）是指品牌被公众知晓的程度，包括三个层面：品牌的公众认知度，是品牌在整个社会公众中的知晓率；行业知名度，是品牌在相关行业的知晓率或影响力；目标受众知名度，是品牌在目标顾客中的影响力。品牌认知度是品牌资产的重要组成部分，它是衡量消费者对品牌内涵及价值的认识和理解度的标准。品牌认知度是企业品牌建设的初级阶段，而不是最终成果。媒体广告只是有助于建立品牌认知度,或者说是知晓度。当年的央视标王秦池以巨资在央视大做广告,后来产能不足,就大量采用小酒厂的勾兑酒。不重视产品品质的消息扩散后,秦池的品牌声誉受到很大影响,不复昔日光辉,足为后者借鉴。

（二）品牌美誉度

品牌美誉度（brand favorite）是公众对某一品牌的好感和信任程度。品牌美誉度的建立，更需要企业依靠扎实的产品质量和客户服务在客户中建立良好的消费体验，通过持续地提升客户满意度来建立客户的满意，大众、奔驰等德国汽车企业不仅以营销见长，更以扎实的产品质量、低故障率和返修率、高保值性而享有口碑。桃李不言，下自成蹊。国内热销多年，以皮实稳定著称，二手车依然保值好卖的大众汽车，无疑是大众汽车品牌营销方式的最好案例。

（三）品牌偏好度

品牌偏好度（brand preference）是消费者对品牌的喜好程度和长期的购买意愿。组织通过清晰的产品定位、稳固的产品品质和鲜明有力的品牌形象建设，能够推动客户在情感、使用习惯、消费模式等方面形成品牌偏好，进而形成长期消费行为，从而有利于进一步建立品牌忠诚。

（四）品牌忠诚度

品牌忠诚度（brand loyalty）是指由于品牌技能、品牌精神、品牌行为文化等多种因素，使消费者对某一品牌情有独钟，形成偏好并长期购买这一品牌商品的行为。简言之，品牌忠诚度就是消费者的重复购买行为。根据顾客忠诚度的形

成过程，可以划分为认知性忠诚、情感性忠诚、意向性忠诚和行为性忠诚。

品牌忠诚度的建立，更需要企业在企业提升质量和服务的基础上更上一层楼，通过有力的品牌营销策略和有效的客户忠诚度管理，来增强客户对企业的功能体验和情感体验，巩固和加强与目标客户的联系，吸引更多忠诚的品牌使用者，这也是企业获得持久利润、走向持久成功的制胜法。

七、品牌资产管理的七大标准

笔者认为，在实践环节，评估一个组织的品牌资产是否有实力，可以从以下方面予以重点关注，并从中找到改善与提升品牌资产的方向。

（1）它是否具有清晰一致的独特品牌形象，易于识别和联想。

（2）它的品牌形象是否足够强，并有足够的吸引力和品牌认知。

（3）它是否在公众与利益相关者中具有广泛的品牌认同。

（4）它是否具有优秀的产品与服务，创造出色的客户价值体验。

（5）它是否具有可持续发展的良性销售通路。

（6）它是否具有强有力的客户关系。

（7）它是否有助于集聚企业的核心资源和能力。

第五节　品牌经典理论

认识品牌、理解品牌、管理与经营品牌，需要深入了解百年来世界范围内的品牌研究与发展历程，需要了解先贤的品牌理论与实践。独特卖点理论、品牌形象理论、CI 理论、品牌定位理论、品牌资产管理理论、品牌权益理论等品牌理论，继往开来，交相辉映，如天上的群星般闪耀，指引了无数个著名品牌的建设与经营，促进了无数个著名品牌的发展与振兴。我们需要向前贤圣哲和这些不朽的品牌理论致敬，并以此为起点，在持续的学习和实践中成长，并探寻适合中国企业的品牌建设与经营模式。

一、品牌管理理论研究与发展历程

社会公众和企业对于品牌的认识和实践也是一个不断深化的动态发展历程。品牌的理论研究与发展，与品牌在企业中的管理与运营实践共同作用，促进了品牌理论和品牌管理的持续发展和进化。

二、独特销售主张理论

20 世纪 40 年代，罗瑟·瑞夫斯在继承霍普金斯广告理论，提炼达彼思公司的广告实践的基础上，总结广告运作规律，提出了独特销售主张（unique selling

proposition, USP)理论，并在其1961年出版的《广告的现实》(*Reality in Advertising*)一书中进行了系统的阐述。

独特销售主张理论认为，一个广告中必须包含一个向消费者提出的销售主张，这个主张要具备三个要点：一是利益承诺，强调产品有哪些具体的特殊功效和能给消费者提供哪些实际利益；二是独特，这是竞争对手无法提出或没有提出的；三是要做到集中，强而有力，是消费者很关注的。

美国20世纪50年代的M&M's巧克力，是第一个包有糖衣的巧克力糖，并以"只融于口，不融于手"为独特卖点，迅速成为领导品牌。农夫山泉基于专注天然矿泉水资源优势，提出了"农夫山泉有点甜"的产品主张，也是很有趣味的广告主张营销的代表。

（一）独特销售主张理论的演进

初期的USP理论由于受当时历史条件的限制，不可避免地带有自身的缺陷，主要表现在：注重产品本身，以产品及传播者为中心而很少考虑到传播对象。

20世纪70年代，USP理论从满足基本需求出发追求购买的实际利益，逐步走向追求消费者心理和精神的满足。

90年代后，USP理论的策略思考的重点上升到品牌的高度，强调USP的创意来源于品牌精髓的挖掘。

USP理论在当今时代仍然没有过时，经过不断丰富、发展和完善，具有了更强的针对性，更能适合新环境的要求。USP理论在与品牌相结合的过程中，不仅能帮助企业销售产品，还肩负起了营建和增长品牌资产的新的使命。

（二）独特销售主张理论的重新定义

达彼斯在20世纪90年代将USP进行了重新定义：USP的创造力在于揭示一个品牌的精髓，并通过强有力地、有说服力地证实它的独特性，使之所向披靡，势不可当。达彼斯重新阐释了独特销售主张理论的三个要点：

（1）独特销售主张是一种独特性——它内含在一个品牌自身深处，或者尚未被提出的独特的承诺。

它必须是其他品牌未能提供给消费者的最终利益。

它必须能够建立一个品牌在消费者头脑中的位置，从而使消费者坚信该品牌所提供的最终利益是该品牌独有的、独特的和最佳的。

它必须有销售力。

（2）它必须对消费者的需求有实际和重要意义。

它必须能够与消费者的需求直接相连，导致消费者做出行动。

它必须有说服力和感染力，从而能为该品牌引入新的消费群或从竞争品牌中把消费者赢过来。

(3) 每个 USP 必须对目标消费者做出令人信服的品牌利益承诺，而且这个品牌承诺是独特的。

(三) 独特销售主张实施的步骤和方法（达彼斯模型）

达彼斯提出了新历史时期的独特销售主张规划与实施的步骤。

1. 品牌轮盘/精髓(brand wheel/essence)

品牌轮盘对品牌层次做了由表及里的归纳。

(1) 品牌属性（attributes）：品牌是什么，品牌的物理性/功能性特征。

(2) 品牌利益（benefits）：品牌做什么用，使用品牌的结果。

(3) 品牌价值（values）：品牌如何让我感觉自我，以及让他人感觉我。

(4) 品牌个性（personality）：如果品牌是一个人，谁会是他?

(5) 品牌精髓（essence）：品牌的核心，这个轮盘中各个特征的总概括。

品牌轮盘是用来分析消费者对品牌认知的强有力工具，有效的广告掌握了品牌的精髓，忠诚于该品牌之个性，传达了该品牌的价值；有效的广告永远与消费者有关联性，它与目标消费群说同一种语言，说他们认同的内容。

2. 品牌营销策划（brand marketing agenda）

通过明确地定义广告和其他所有营销传播组合的特定角色、行为标准，形成下面的分支问题：

(1) 品牌概况/品牌资产。

(2) 营销目标和业务目标。

(3) 传播政策（包括广告和其他营销传播组合要素）。

(4) 评估（包括广告和其他营销传播组合要素）。

3. 品牌审查（brand interrogation）

品牌审查是为了发现品牌的独特方面，应从调查产品和消费者的各个方面进行。主要方法为头脑风暴法（brainstorming），即利用集体的智慧来完成创意和进行策划。

4. ADCEPT 产生

ADCEPTs 是假设、样板创意、声称、令人惊奇的事实，甚至是在策略建立的研究过程中产生的消费者的反应。每一个 ADCEPTs 都必须包括一个想法，而且其目的是激励消费者，它必须将策略性主张归纳成消费者易记易懂的习惯性用语，而不是干巴巴的“策略宣言”。

5. ADCEPT 测试

ADCEPTs 是对消费者反馈的刺激，对大多数品牌来讲，很容易找到 8 ~ 10 个最有效的 ADCEPTs 用于对消费者进行测试——既注意消费者的想法，又重视他们为什么会产生这种想法。

6. USP 创意简报

USP 创意简报的焦点是“USP”，所有的创意简报必须遵循“品牌轮盘”。

一份达彼斯的 USP 创意简报包括对以下这些问题的回答：

（1）我们为什么要做广告？在广告投放之后，我们希望消费者做什么？想什么？

（2）我们在和谁“交谈”？我们对他们有哪些洞察？

（3）品牌的 USP 是什么？

（4）USP 的支持点是什么？为什么消费者会相信它？

（5）灵感促进（品牌个性或主张的真正动人之处是什么？从附加材料和刺激物中寻找）。

（6）控制（即品牌个性或主张、客户、法律等限定因素的不可动摇之处）。

（7）媒体如何使这个创意变得活跃起来甚至让人惊奇？

USP 首先而且最重要的是作为策略工具。策略是高度结构化的思考结果，USP 创意简报是用来判断我们所做的工作是否属于 USP 广告范围的标尺。

三、品牌形象战略

1960 年前后，美国奥美公司创始人大卫·奥格威（David Ogilvy）提出品牌形象理论（brand image，BI）。大卫·奥格威认为，品牌形象不是产品固有的，而是消费者联系产品的质量、价格、历史等，此观念认为每一则广告都应是对构成整个品牌的长期投资，因此每一品牌、每一产品都应发展和投射一个形象。形象经由各种不同推广技术、特别是广告传达给顾客及潜在顾客。消费者购买的不只是产品，还购买承诺的物质和心理的利益。在广告中诉说的产品的有关事项，对购买决策常比产品实际拥有的物质上的属性更为重要。

品牌形象理论认为，进行品牌形象研究，即是通过市场分析工具，在解析不同消费者的品牌印象的基础上，勾勒出某一品牌的特有气质，从而为品牌资产的管理者提供决策依据。品牌形象不是自发形成的，而是一个系统工程，涉及产品、营销、服务各方面的工作，品牌形象的塑造需要企业全体员工长期的坚持努力，能否创造一个吸引潜在顾客的品牌形象是企业制胜的关键。品牌形象论的基本要素包括以下几项。

（1）为塑造品牌服务是广告最主要的目标，广告的目的就是要力图使品牌具有并且维持一个高知名度的品牌形象。

（2）任何一个广告都是对品牌的长程投资，广告应该尽力去维护一个好的品牌形象，而不惜牺牲追求短期效益的诉求重点。

（3）随着同类产品的差异性减小，品牌之间的同质性增大，消费者选择品牌时所运用的理性就越少，因此描绘品牌的形象要比强调产品的具体功能特性重要得多。

（4）消费者购买时追求的是“实质利益 + 心理利益”，对某些消费群来说，广告尤其应该重视运用形象来满足其心理的需求。

大卫·奥格威认为，产品的品牌形象一旦培植到出众的地位，生产该产品的企业将会以最高利润获得最大的市场份额。后续的品牌形象理论认为，一个产品具有它的品牌形象，消费者所购买的是产品能够提供的物质利益和心理利益，而不是产品本身。因此，广告活动应该以树立和保持品牌形象这种长期投资为基础。

品牌形象的理论提出后，在广告界引起一场广告观念的变革，其理论目前也被称为品牌形象战略。但是，鉴于现代媒体的日趋多维立体化、丰富化与高传播成本，企业的品牌形象建设与营销广告支出日益庞大，如何平衡企业的长期投资与短期利润仍是值得探讨的问题。

四、企业识别系统理论

（一）CI 理论的发展源流

CI 识别系统也称为“企业识别系统”（corporate identity system，CIS），由美国在 20 世纪 60 年代首先提出，最初称为“企业识别”，是由企业识别的战略思想指导而规划出整套识别系统。CI 的最初内涵是设计与展示一整套区别于其他企业，体现企业自身个性特征的标识系统，以突出企业形象，并以此达到在市场竞争中获胜的经营战略。

20 世纪 70 年代后，日本将民族理念与民族文化融入其中，对 CI 进行了结构上的革命与完善，并在日本得以广泛推广和应用。美日两国对于 CI 的认识与应用有所不同。日本 CI 专家山田理英认为，美国将 CI 作为以标准字体和商标来沟通企业理念与企业文化的工具；日本将 CI 作为一种明确地认知企业理念与企业文化的活动。

日本的加藤邦宏认为，“CI 就是对企业整体进行设计工作；以企业整体的活动作为设计对象，使企业本身、个性的表现合乎时代潮流”“为了形成企业的形象而以设计开发为中心的活动，才是所谓的 CI。”其对 CI 的阐释包含下列内容：

（1）CI 是一种改善企业形象，有效提升企业形象的经营技法。

（2）CI 是一种明确地认识理念与企业文化的活动。

（3）CI 是重新检讨公司的运动。

（4）CI 是整合性的关于企业本身的性质与特色的信息传播。

（5）CI 是将企业理念与精神文化，运用整体传达系统（特别是视觉传达设计)，传达给企业内外部的关系者或团体，使其对企业产生一致的认同感与价值观。

（二）CI识别系统的定义

现代CI识别理论认为，CI识别系统（corporate identity system）即企业形象识别系统，是将企业的经营理念和个性特征，通过统一的视觉识别和行为规范系统，加以整合传达，使社会公众产生一致的认同感与价值观，从而达成建立鲜明的企业形象和品牌形象，提高产品市场竞争力，创造企业最佳经营环境的一种现代企业经营战略。

（三）CI识别系统的构成

CI识别系统由理念识别（mind identity，MI）、行为识别（behaviour identity，BI）和视觉识别（visual identity，VI）三部分所构成。

1. 理念识别（MI）

理念识别是确立企业独具特色的经营理念，是企业生产经营过程中设计、科研、生产、营销、服务、管理等经营理念的识别系统。它是企业对当前和未来一个时期的经营目标、经营思想、营销方式和营销形态所做的总体规划和界定，主要包括企业精神、企业价值观、企业信条、经营宗旨、经营方针、市场定位、产业构成、组织体制、社会责任和发展规划等，属于企业文化的意识形态范畴。

2. 行为识别（BI）

行为识别是企业实际经营理念与创造企业文化的准则，对企业运作方式与员工行为所做的统一规划而形成的动态行为识别形态。它是以企业经营理念为基本出发点，对内是建立完善的组织制度、管理规范、职员教育、行为规范和福利制度；对外则是开拓市场调查、进行产品开发，通过社会公益文化活动、公共关系、营销活动、客户服务等行为方式来传达企业理念，沟通利益相关者与消费者，以获得社会公众对企业识别认同的方式。

3. 视觉识别（VI）

视觉识别是以企业标志、标准字体、标准色彩为核心展开的完整、系统的视觉传达体系。视觉识别将企业理念、文化特质、服务内容、企业规范等抽象语意转换为具体符号的概念，并塑造出独特的企业形象。视觉识别在CI系统中由于其可视化特征而最具有传播力和感染力，最容易被社会大众所认知与理解，具有重要的地位。

视觉识别系统分为基本要素系统和应用要素系统两方面。基本要素系统主要包括企业名称、企业标志、标准字、标准色、象征图案、宣传口语、市场行销报告书等。应用系统主要包括办公事务用品、生产设备、建筑环境、产品包装、广告媒体、交通工具、衣着制服、旗帜、招牌、标识牌、橱窗、陈列展示等。

（四）CI识别系统的规划原则

为有效地规划与实施CI识别系统，在战略规划和运营实践上应遵循下述几个原则。

1. 战略性原则

CI识别系统建设作为企业形象战略，具有战略性、系统性、长期性的特征。企业应坚持战略性的原则，协同企业的发展战略系统规划，长期经营。

2. 整体性原则

CI识别系统建设应以MI为魂，以VI为形，以BI为行为范式，构建统一的整体。CI是内在美和外在美的和谐统一，其相互协调，协同作用，共同构建和展示企业的形象。

3. 客户化原则

CI识别系统建设应坚持客户导向，符合客户的文化传统、消费心理、审美习惯、艺术品位，促进客户在功能价值、情感价值与观念价值层面的认同与共鸣。

4. 差异化的原则

CI识别系统建设应坚持差异化原则，以品牌定位为基础，提炼富有特色的核心价值基因，建立具有鲜明个性和独特的形象与气质。

5. 改善性原则

企业CI战略实施是一个动态发展完善的系统工程，坚持短期一致性与长期创新性的统一。企业需要适应市场竞争环境、客户需求的变化，以及自身资源与核心竞争力的变化，持续加以修正与更新，以长久保持和发挥有力的CI识别。

（五）CI识别系统设计规划过程

CI识别系统的设计规划与实施导入是一种循序渐进的计划性作业，综合国内外企业导入CI的经验，整个作业流程大致可分为下列四个阶段。

1. 品牌审计诊断阶段

审计品牌现况、外界认知和设计现况、竞争态势、客户认知，并从中确认企业实际的品牌形象认知状况。

2. 形象概念确立阶段

以审计结果为基础，分析企业内部、外界认知、市场环境、竞争态势与各种设计系统的问题，以此规划公司的品牌定位与品牌形象的基本概念，作为CI设计规划的原则依据。

3. 设计作业展开阶段

根据企业的基本形象概念，规划与设计具体可见的 MI、BI、VI 内容，并经过精致作业与测试调查，确定完整并符合企业需要的 CI 识别系统。

4. 完成导入阶段

通过培训与辅导促进企业 CI 识别系统的落地应用与有效管理，并协助实施相应的 CI 营销活动。

（六）CI 识别系统的效果评价

CI 的效果评价一般包括内部的 CI 识别指标评价与外部的市场评价因素两方面。CI 识别系统的规划与设计指标评价包括 MI 评价指标、BI 对内识别指标、BI 识别评价，以及 VI 基本要素与 VI 应用要素的评价。外部相关的市场因素评价包括 CI 认知度、销售额等指标。对于 CI 识别系统的评价一直较为困难，原因是不同企业在导入 CI 时，会注重不同的因素，并且 CI 的评价内容涉及范围广，收效也难以量化度量。

日本日经研究所曾设计了一套 CI 效果调查指标体系，包括市场因素、外观因素和现代因素三类，并认为企业的销售额和广告认知度是评价 CI 效果的决定因素。

五、品牌定位战略

1969 年，阿尔·里斯和杰克·特劳特提出了定位理论。定位理论指出消费者在购买某类别或特性商品时，更多地优先选择该类别或特性商品的代表品牌。品牌定位（broand positioning）战略指企业经营要由市场转向消费者心智，让品牌在消费者的心智中占据某个类别或特性的定位，即成为该品类或特性的代表品牌，让消费者产生相关需求成为其首选。

（一）定位理论的心理学基础与核心内涵

里斯与特劳特的定位理论深受近代心理学研究成果的影响，研究指出：

（1）人们只注意他们所期望看到的事物。

（2）人们排斥与其消费习惯不相等的事物。

（3）人们的记忆是有顺序的。

（4）人脑的记忆是有限度的。

以此为依据，通过给予品牌清晰定位，抢占品牌在人脑中的占位，并力争占有领先占位就成为定位理论的重要思维路径与实践模式。定位理论的核心内涵是以建设强势品牌为中心的，并以坚持竞争原则和坚持占据心智原则为主要原则。

（二）品牌即是战略

阿尔·里斯和杰克·特劳特在合著的《营销革命》一书中强调了定位战略性的一面："首先，战略的一致性是指它以选定的战术（定位）为全部核心；战略包含了一致性的营销活动。产品、定价、分销和广告——所有构成营销的活动必须围绕既定的战术展开。"

里斯于1996年出版的《聚焦》一书，针对当时美国企业盛行多元化的背景，提出了聚焦经营法则，强调经营要聚焦于品牌的打造（实际上就是聚焦于定位）。开创性地把定位理论提升到了一个新的高度，为定位理论做出了新的贡献。

特劳特则先后创作了《定位》《新定位》《重新定位》等著作，并于2004年出版了《什么是战略》一书，用定位理论重新解读"战略"概念。针对波特所建立的忽视心智的战略模型，特劳特认为：

"战略是一个简单、焦点明确的价值定位，换句话说，战略是买你的产品而不是你竞争对手产品的理由。"

"战略就是让你的企业和产品与众不同，形成核心竞争力。对受众而言，即是鲜明地建立品牌。"

"战略是一致性的经营方向。战略决定产品规划，战略指导企业如何进行内外沟通，战略引导组织工作的重心。"

其实，在特劳特的心中，战略就是定位，定位就是战略。

（三）早期的品牌定位方法

关于品牌定位方法，早期的定位理论提出的有"关联"定位法、"非可乐"定位法、"抢先占位"定位法、"寻找空位"定位法和"对立"定位法等主要方法。

（四）品牌差异化战略

特劳特在《与众不同——极度竞争时代的生存之道》一书中，从差异化沟通内容的角度丰富了定位理论的内容。特劳特认为，品牌有效差异化定位包括九大方法："成为第一""新一代""领导地位""特性""制作方法""传统""最受青睐""专家"和"热销"。

（五）品牌品类战略

里斯在《品牌之源》一书中提出了寻找消费者心智空余空间的品牌管理思想，第一次系统地阐述了如何利用分化开创、发展、主导新品类去打造新品牌

（里斯伙伴中国公司称为“品类战略”）。里斯的品牌起源理论和品类战略的核心：一是以竞争导向为基础，企业可以避免与代表老品类的强势老品牌的直接竞争，开创了无人竞争领域（坚持竞争导向基本点）；二是从心智占有为基础，新生品类更容易进入和占据心智。

里斯认为，品牌最大的机会、成功概率在新品类（新品类就是心智中的空子）中。品牌的秘密在于主导和代言品类，分化是品牌之源，品类是品牌之母。企业可以利用开创、发展和主导新品类建设领导品牌。

六、凯勒的品牌权益创建理论

1993 年，美国学者凯文·莱思·凯勒（Kevin Lane Keller）提出了基于顾客的品牌权益模型理论（customer based brand equity，CBBE）。该模型的创建旨在回答两个问题：一是企业如何构建一个强势品牌，二是如何创建品牌资产。凯勒认为，品牌的价值基于顾客的认知，以及基于认知而产生的对企业的品牌营销所做出的相对于无品牌产品而言的差异性反应，如果这个差异反应是正面和积极的，则这个品牌就有正面价值；反之，如果顾客做出的是消极的反应，则这个品牌就有负的品牌价值。品牌创建就是要创建基于顾客的品牌正面价值。这个概念不仅适用于最终消费品的品牌创建，也适用于产业用品的品牌创建。

（一）构建强势品牌的四大步骤

凯勒认为，构建强势品牌包含四大步骤：建立正确的品牌标识、创造合适的品牌内涵、引导正确的品牌反应、缔造适当的消费者—品牌关系。有效地实现上述四个步骤，又依赖于有效构建品牌的六个维度，它们是品牌显著度、功效、形象、评判、感受和共鸣。其中，显著度对应品牌标识，功效和形象对应品牌内涵，评判和感受对应品牌反应，共鸣对应品牌关系。

根据凯勒的 CBBE 模型，构建一个强势品牌需要以下四个步骤。

1. 建立正确的品牌标识

建立正确的品牌标识需要创建基于消费者的品牌显著性，品牌显著性又与以下问题紧密关联：该品牌在各种场合下能够被消费者提及的频率和难易程度，该品牌在多大程度上能够被消费者轻易认出，该品牌的哪些关联因素是必要的，该品牌的知晓度有多少说服力等。

区分品牌显著性的关键维度是品牌深度和品牌宽度，品牌深度指的是品牌被消费者认出的容易程度，品牌宽度则指当消费者想起该品牌时的购买范围和消费状况。一个高度显著的品牌能够使消费者充分购买，并在可选择范围内总是想起该品牌。

2. 创造合适的品牌内涵

在创造合适的品牌内涵方面，关键是创建较高的品牌绩效和良好的品牌形象，并建立基于消费者的品牌特征。品牌内涵的辨识，从功能性的角度，主要指与绩效相关的消费联想；从抽象的角度，主要指与品牌形象相关的消费者联想。这些联想可以直接通过消费者自己的体验而形成，并通过广告信息或者口碑传播获得的信息相联系。

品牌绩效是产品或服务用以满足消费者功能性需求的外在表现。其内容包括品牌内在的产品或者服务特征，以及与产品和服务相关的各项要素。具体而言，品牌绩效的维度包括产品的基础特征和附加特征，产品可靠性、耐用性和可维修性，服务的效率、效果和服务人员的态度，产品风格与造型，价格等。

品牌内涵的另一个维度是形象。品牌形象与产品或服务的外在资产相联系，包括该品牌满足消费者的心理需求，或者社会需求等抽象需求。CBBE 模型中所指的品牌形象由四个要素构成，包括消费者特征，购买渠道与使用条件，个性与价值，品牌历史、传统和发展历程等。

3. 引导正确的品牌反应

关于如何引导正确的品牌反应，需要在品牌评判和品牌感觉两个方面进行系统努力。

品牌评判指企业应集中关注消费者关于品牌的看法。消费者对于品牌的评判主要包括质量、可信度、购买考虑和优越性四个方面。

品牌感觉指消费者对于品牌的感性行为，主要包括热情、娱乐、激动、安全、社会认可、自尊等要素。

4. 缔造适当的消费者—品牌关系

在缔造适当的消费者—品牌关系方面，其关键在于创建消费者关于品牌的共鸣。品牌共鸣可分解为四个维度：行为忠诚度，是指重复购买的频率与数量；态度属性，是指消费者认为该品牌非常特殊、具有唯一性，热衷于喜爱该品牌而不会转换成其他同类品牌的产品；归属感，是指消费者之间通过该品牌而产生联系、形成一定的亚文化群体；主动介入，是指消费者除了购买该品牌以外，还积极主动地关心与该品牌相关的信息，访问品牌网站并积极参与相关活动。

（二）创建品牌资产的要素与方法

凯勒认为，企业创建品牌资产通过四大工具实现：一是选择品牌构成的元素；二是开发配套的营销组合；三是制定品牌整合营销传播策略；四是利用次级品牌杠杆，有效运营各种可影响消费者品牌（产品）联想的元素。

第一组工具是选择品牌元素，其中包括有效选择品牌名称、品牌标志、符号象征、包装、品牌口号和特征等。有意识地选择和整合利用品牌元素，有助于使品牌更富有意义、易于记忆、可延伸、有适应力和可保护性。

第二组工具是设计营销组合策略，在产品策略方面包括构建产品策略体现产品的功能性和象征性利益；关系营销方面包括体验式营销、一对一营销、许可营销，以及大规模定制、后营销、客户忠诚度计划等；定价策略需要更多地基于消费者对于品牌的价值感知来制定价值，并谨慎运用价格折扣策略。渠道策略一是恰当地匹配品牌与商店形象，使品牌次级联想的效应最大化；二是将零售商的“推动策略”与消费者的“拉动策略”有效结合；三是综合考虑一系列直接和间接的分销方式。

第三组工具是整合营销传播，有效传播品牌价值，沟通客户关系。基本的品牌传播方案包括广播、印刷品、直接反应、网络与销售点广告、对于消费者和中间商的促销、事件营销与赞助、公共关系与宣传、人员推销等。品牌营销方案的有效匹配，实施整合营销传播，以彼此加强。

第四组工具是利用次级品牌杠杆创建品牌资产。品牌创建的相对次要的一些变量，包括公司、品牌产品的原产地和其他地理区域、分销渠道、品牌联盟、许可授权、名人背书、体育、文化或其他活动、第三方资源等，建立次级杠杆的目的是建立品牌更丰富的联想，帮助品牌提升知名度、美誉度，使品牌更有意义。

（三）影响消费者品牌认知，创建强势品牌

凯勒认为，品牌知识由品牌认知和品牌形象组成。品牌认知与记忆中品牌节点的强度有关，它反映了顾客在不同情况下辨认该品牌的能力。品牌形象可以被定义为顾客对品牌的感知，它反映了顾客记忆中关于该品牌的联想。品牌联想分为三个方面，一个是品牌联想的强度（包括相关性和内在一致性），另一个是品牌喜好程度（包括满意度和兑现承诺情况），还有一个是品牌独特性（包括是否有竞争力、是否有独特性，也就是定位）。

凯勒认为，品牌的知名度与品牌联想的建立，都是品牌创建的四大工具共同作用的结果。通过上述四大工具的应用和品牌意义、联想的建立，实现两大目的：在顾客心目中建立起知名度和品牌联想。其中，知名度包括品牌认知的深度和宽度。品牌认知的深度是指品牌的可识别性（在提示下辨认的速度和正确度）和可记忆性（无提示下能够回忆和表达的程度）；品牌认知的宽度是指顾客实际购买和消费的情况，经常购买、偶尔购买等。品牌创建过程实际上就是整合利用这些工具（投入），进而影响消费者对该品牌的知识和品牌联想（转换过程），最终创造出品牌的价值（产出）。而一个强势（strong brand）或著名品牌（well-known brand）就是一个具有很高品牌价值的品牌。

（四）品牌创建成效的评价要素

凯勒认为，评价品牌创建最终成效体现在以下八个方面：品牌的忠诚度、不

易受到竞争性营销行为伤害、更大的边际利润、对降价富有弹性、顾客对涨价不敏感、提高营销沟通的效果和效率、可能的许可收益、对品牌延伸更加积极的反应。

（五）对凯勒品牌理论的评价

在一定程度上，凯勒的品牌理论是一个“品牌设计+品牌营销整合+品牌资产管理”的品牌建设与品牌资产管理理论，其思想的出发点和目的是顾客价值感知，更为注重消费者对于品牌的知识、感觉、体验和联想。凯勒的品牌理论对于品牌规划与营销也更为全面、整合、关联与系统化，更为注重品牌经营实践的可行性。目前基于顾客的品牌资产研究已成为主流研究趋势，凯勒的CBBE模型已成为品牌理论研究的里程碑。

第二章 中国品牌的问题与思考

承载着中国复兴希望的中国企业，需要探索适合中国国情、具有中国特色的品牌经营模式与品牌价值成长路径。

探寻中国品牌的困境与出路，必须走出中国品牌建设的误区，回归品牌的本源，深入探析品牌价值的本质。在对于品牌价值的寻根溯源中，立足中国企业的发展现实，理清中国企业品牌的核心基因，创新发展适合中国企业的品牌管理模式、品牌价值成长路径、品牌经营方略，系统提升中国企业的品牌管理能力，有效提升企业的品牌资产与品牌价值，促进中国企业做大、做强、做快、做长。

第一节 中国企业品牌经营

中国企业的品牌经营，应该植根于中国的土地与精神，发挥中国的文化与资源优势，经营自己的品德、品性与品位，经营自己的品质与品值，经营自己的能力与资源，构建自身的差异化竞争优势。

一、企业对于品牌意义的理解

中国企业对于品牌价值的理解，是个发展的过程。从研究报告中可以看出，近年来中国企业对于品牌的认识也在不断地深化。近年企业首先将品牌视为“客户承诺和客户关系”的理解开始被更多参与调查的品牌管理者所认同。研究表明，在 2005 年“良好声誉”是排名第一的普遍观点；2005 年很多企业把“可靠质量”与品牌画上等号的理解，在 2008 年的排序上下滑到第五位；近年来，良好的品牌声誉、强大的企业文化和鲜明的品牌个性更为企业所重视。

对于品牌认知的变化说明企业的思考模式已从生产产品的导向，走向客户导向，开始更多地思考品牌管理问题。可以预见，未来会有更多的企业开始学习以顾客为导向的品牌建设模式。遵守对顾客的承诺并且保持非常高的忠诚度关系，有助于企业建立高知名度的品牌，获得良好的品牌声誉和品牌形象，进而增进客户的品牌认知和品牌忠诚，并直接从品牌上受益。

二、企业对于品牌建设的需求

不同企业，由于各个行业所处的市场状况不同，消费者需求状况不同，对于品牌的需求期望都存有差异。金融企业面对全球化竞争，比较重视与竞争对手的差异化，在产品层面难以突破同质化时，一些金融服务行业希望通过品牌来帮助区隔竞争对手。相当一部分金融企业也希望通过品牌建设帮助企业树立良好的公众形象。在房地产行业，企业更重视品牌能够给产品赋予额外的附加价值，提高产品的溢价能力。对于以 B2B（企业对企业）业务为核心的重工业来讲，差异化的产品营销、提高产品溢价能力、通过系统的品牌营销增强对外沟通能力，以及提高公众形象，相对来讲更为重要。中国重工业企业在国际化发展中，如何通过有效的品牌建设传播公司形象和产品成为重要的议题。

三、企业品牌建设的主要工作

研究证实，对于许多公司而言，品牌建设的工作重点包含下列内容：品牌与客户的接触点管理、品牌战略规划、品牌架构管理与品牌间的协同发展、品牌测量与评估、品牌传播策略、品牌管理培训与企业品牌运营管理能力的提升、品牌的视觉传播与品牌识别、产品设计、品牌管理的组织建设与制度流程建设等。其中前四项是企业品牌建设的重点。

四、中外品牌管理现状的比较

分析国内企业的品牌建设现状和问题，可以发现，其在品牌价值建设与品牌管理方式上与国外著名品牌有很大的差异。探访和研究一些中国企业，甚至大型企业的品牌管理现状，我们发现，许多中国企业缺乏清晰的品牌发展战略、完善的品牌管理组织、成体系的品牌管理制度，以及有效的品牌管理运营体系，有的是部分缺失品牌管理机能，有的甚至处于四无状态。

在品牌价值建设方面，从总体上看，许多中国企业的品牌价值偏低，客户美誉度和信任度低，缺乏高溢价能力和高盈利能力；许多中国企业缺乏对品牌核心价值创造能力的持续建设，品牌竞争力不足，在面对国内外著名品牌的竞争中缺乏独特优势，主要依靠价格竞争。许多国外知名品牌，都具有强大的品牌核心价值和专业技术竞争优势。

在品牌价值传播方面，许多中国品牌的市场导入迅速、品牌知晓期建设期短暂。许多不知名品牌在强大的市场资金投入和广告宣传下，几个月甚至几周内就能够成为所谓的“知名品牌”。企业的品牌建设也过分依赖广告，一旦广告投入下降，品牌价值和市场份额就随之下降。企业的品牌形象建设缺乏差异化的价值定位和个性化形象，品牌传播也缺乏系统性和长期一致性，导致品牌价值不清晰，品牌形象紊乱，并缺乏一致性。许多国外知名品牌，通过系统的品牌形象建设和品牌传播，建立了清晰的个性品牌价值形象。

在品牌管理运营方面，许多中国企业缺乏系统的品牌管理模式与方法，导致品牌管理失效。由于管理不善，不少品牌依托以独特产品、海量广告或渠道建设为主的点式竞争模式，难以打造系统的竞争能力，缺乏持续性发展。面对激烈的市场竞争，在市场滞胀和发生品牌危机时无力应对，品牌易于突然衰亡和消失，品牌的生命周期相对短暂。有的品牌，从兴到衰只有短短两三年的时间。中国企业的现代化品牌建设，从改革开放算起，只有30余年时间；而国外著名品牌往往都经过数十年，甚至上百年的磨砺和发展才造就了目前的市场地位。

在品牌管理内容上，有效的品牌管理不仅仅是VI设计与策划广告，而且是一个有组织的系统的品牌管理与运营体系。据统计，如果中国企业花费1亿元做品牌推广，98%的资金会被用于广告本身，仅有2%用于研究和定位。而国际成熟的大型企业建立了完善的品牌管理体系与品牌经营策略，其品牌费用支出中，88%用于广告推广，8%用于活动推广，3%用于品牌战略定位和情报分析，1%用于品牌评估和跟踪。

探寻国内企业品牌建设的问题与困境，就会发现，企业对于品牌管理内容的认识存在误区，缺乏适合中国当代企业发展特点的有效的品牌发展模式和品牌管理模式。就品牌管理而言，中国企业最忽视的是系统化的品牌管理。因此，应针对中国品牌发展的现状，建立具有中国特色的品牌价值管理体系。

五、中国市场品牌集中度的提高

在品牌集中方面，中国市场的品牌集中速度正在加快，品牌集中度正在增强。由于中国市场规模庞大、区域差异显著，中小企业和中小品牌的发展仍有一些空间，但更为艰难。研究报告显示，市场竞争越激烈，品牌集中速度越快。在中国市场，市场需求向最有价值品牌集中，强者恒强已成为重要的发展趋势。1995年中国前20位品牌的平均销售规模是49.97亿元，到2009年年底前20位品牌的平均销售规模是446亿元。1995年中国只有一汽和红塔两个集团销售规模过百亿元。到2009年年底，中国100强品牌的平均市场规模为146.3亿元，100强品牌中，百亿元以上销售规模的有39%，30亿元以上规模的达到68%。

到2014年，中国在中石化、中石油、国家电网、中国移动等大型央企的资产规模都逾万亿元，并已经涌现出以华为、美的、新希望为代表的千亿元级民营企业。许多产业已逐步出现产业集中度提升，领导品牌占据领先市场份额的格局。强者恒强的局面更为明显，地域品牌的市场空间进一步缩小。

六、中国品牌建设的关键因素

企业品牌建设的关键因素，一是要探索解决与国外大型企业的品牌竞争问题；二是要探索解决快速的中国品牌创建与价值发展路径问题；三是要探索解决中国品牌的价值成长模式问题；四是要探索解决中国品牌的高成效、低成本建设问题；五是要探索解决中国品牌管理体系建设的适用性问题；六是要探索解决中国品牌的运营管理的方法与效能问题。

源于多年的中国企业咨询和管理实践，7C 品牌管理模式、六星品牌价值成长模型、组织文化与组织品牌协同发展模式的相继创建与提出，也致力于深入研究和探索品牌价值成长的内在机理，植根于中国的人文地理与社会经济环境，深入研究中国企业的发展特点，探寻适合中国企业的品牌发展路径、品牌价值管理模式和品牌价值成长路径，促进中国企业在全球化竞争中做长、做大、做强，实现更好更快的发展。

第二节 中国品牌经营的问题

中国企业品牌建设的重要问题是市场化经营的积淀不足，精神的传承不足，品质的坚守不够，永续经营的定力不够，创新发展的动力不足。中国品牌复兴的出路在文化兴盛，在于品牌坚守，在于永续创新。

在中国伟大的复兴进程中，已经涌现出以华为、联想、海尔为代表的诸多著名企业和著名品牌。但还有许多中国企业在品牌建设中依然面临着诸多问题和重重困境。中国品牌的发展是个过程，品牌价值小、品牌实力弱、品牌管理乱、品牌发展慢、品牌存在时间短的状况现实存在，需要的是仔细探寻原因，并寻求问题解决之道。中国企业发展中面临的主要问题和困境可以归结为以下八个方面。

一、缺乏品牌建设能力，从中国制造走向中国品牌困难重重

中国有众多优秀的 OEM 制造商，他们在多年发展中积聚了雄厚的生产制造能力；但是也面临着如何突破低利润发展模式，创新发展模式的瓶颈。有效创建自有品牌，提升产品利润空间，拓展产品销售渠道和市场份额，获得更大的成长空间，已成为诸多企业的战略选择。但是，诸多中国企业依然难以突破 OEM 生产商的价值定位。由于缺乏科学的品牌管理策略和方法，许多企业以大量广告和明星代言产品为核心思路创建品牌，一些企业尽管付出高额广告费用和代价，创建自有品牌的道路依然艰难。企业在探索创建自有品牌的有效路径和创新品牌价值成长模式的路途中，依然面临诸多困境。

二、缺乏清晰的品牌发展战略，与组织发展战略缺乏有效协同

许多中国品牌，缺乏清晰地企业发展战略，以及基于企业发展战略的品牌发展战略。企业的品牌定位与核心能力相脱节，没有基于自身核心能力规划品牌的价值定位和差异化品牌策略；企业的品牌建设也没有与企业核心竞争能力建设有效结合。造成品牌发展失位与错位，难以发展不可复制的品牌价值，难以发展基

于核心能力的差异化竞争策略，导致企业的品牌价值成长缓慢，企业发展受挫。

三、缺乏有效的品牌价值提升方法，走出同质化竞争和价格战的误区困难重重

同质化竞争是大多数行业发展过程中必然要经历的一个阶段。目前的中国市场，许多相近产品领域的中国企业产品供过于求的情况相当严重，同质化竞争的情况也相当广泛。国家有关部委近年曾对600种主要消费品进行了调查，覆盖了包括消费类电子、服装、食品、日化、办公等多个行业，结果显示供不应求的商品几乎没有，供求基本平衡的商品有172种，占28.7%，供过于求的商品有428种，占71.3%。

企业同质化竞争的原因很多，第一是企业技术研发能力不足，产品在技术层面不能有效拉开档次；第二是企业的创新能力不足，产品在功能和款式层面缺乏显著的差异性，典型的特点就是产品换个商标就换了主人；第三是企业的质量管理能力不足，产品在质量、档次层面不能与同类产品拉开差距，相较于行业领导品牌的产品存在质量差异。在供过于求、同质化竞争的商业环境下，中国市场的同质化则显得更为全面，不仅仅是产品同质化，而且企业的竞争策略、营销模式等多方面都呈现出同质化的特点。价格战、促销战、资源战、成本战就成为很多企业或是主动或是被动的选择，很多企业陷入微利经营的窘境，甚至出现行业整体性亏损的极端现象。

技术和品质的不足，以及营销模式的同质化导致企业无法建立有效的品牌价值支撑和品牌认同；行业众多企业的产能过剩又导致市场上的同质化产品过剩；在营销层面许多企业也没有建立有效的品牌价值定位区隔和品牌形象区隔；诸多原因导致许多行业的企业仍处于以广告战、促销战、价格战为主的同质化竞争阶段，无法形成以差异化为主导的良性市场竞争态势，企业也无法形成有效的持续发展模式。

四、缺乏品牌经营能力，导致品牌经营的高成本、低成效

目前许多中国企业的品牌管理能力非常薄弱，有的企业还处于无品牌管理战略、无品牌管理组织、无品牌管理制度、无品牌运营管理模式的“四无”状态。在品牌管理层面，有些企业缺乏有效的品牌管理组织和品牌管理制度，导致品牌管理职能缺失，品牌管理处于无序和盲目状态。有的企业有了市场或品牌管理部门，但缺失系统科学的品牌发展战略和品牌运营策略。有的大型企业，内部品牌众多，品牌架构体系管理混乱，内耗严重，难以形成有效的品牌协同。

品牌经营过程中，企业的品牌形象与品牌价值定位相脱节，难以形成鲜明有力的品牌个性形象。品牌形象成了一件衣服，随时可以换，别人也可以拿去模

仿，拿去穿。组织的品牌传播策略也时常摇摆，缺乏长期一致的品牌形象，难以向客户清晰传递企业的品牌价值。

缺失的品牌管理能力和盲目的品牌营销，也造成企业资源和资金的极大浪费。企业的品牌建设过于注重广告宣传、明星代言、终端促销。而差异化的品牌价值和品牌个性形象建设，以及与目标客户群体的互动沟通，更有利于客户对于企业品牌的价值认知和认同，更有利于降低品牌营销成本，更有利于促进企业的产品获得品牌溢价，获得销量增长。

面对信息技术的快速发展与网络时代的品牌经营变革，许多企业对于如何加速变革，有效地开展数字化品牌经营（网络化品牌经营）还缺乏有效的方法与手段，对于如何全面、实时、精准地监测品牌，评估品牌、规划品牌、运营品牌、高成效低成本地开展精准的数字化品牌运营在思想意识上，发展策略上，经营方法上缺乏成体系的方法与手段。网络化品牌的迅速崛起，一些传统品牌的加速衰老，在不断验证着企业发展的重重危机。

五、缺乏高端品牌创建与经营能力，打造具有中国特色的高档品牌困难重重

诸多中国企业在很多时候还是低端产品的代名词，中国企业在长期发展中已经创造了诸多知名品牌，但是诸多品牌依然缺乏清晰的品牌定位和差异化的品牌竞争战略，缺乏有效的品牌价值提升策略，导致诸多中国品牌难以有效提升品牌档次和品牌品质，创造强大的高端品牌，在同国外高端品牌的竞争中中国品牌始终处于劣势地位，难以获得客户认同，获得高品牌溢价。创建中国特色的高档品牌依然困难重重，路途遥远。

六、组织的文化建设与品牌建设缺乏有效协同

目前许多中国企业的文化建设和品牌建设在组织管理层面是脱节的，一个归人力资源部或者政工部门管理，另一个归市场部门管理。在经营层面也是脱节的，自说自话，各做各事，难以有效整合内在的价值基因，难以形成合力。企业品牌与企业文化同根同源，在企业的理念层、制度层、行为层、物质层具有众多共同基因。企业文化建设有助于企业提升组织能力，提升管理的效率和效能。企业品牌建设有助于企业提升市场力，以更好的企业形象和产品形象、更高的产品价值促进企业的价值创造和效益增长。内塑文化，外塑品牌，企业品牌与企业文化的协同发展，是企业持续发展的重要路径。

七、缺乏对于真善美的长期坚守，缺乏社会责任和持久发展的道德信仰

许多企业，在一定的发展时期过于追求短期利润或规模扩张，以利润为导

向，而不是以客户价值为导向创建品牌、经营品牌。虚假品牌广告、品牌的过度营销与名实不符、品牌产品的质量问题、品牌的过度延伸、过度授权等，都产生过重重品牌危机，造成了很多客户伤害。缺失了对真善美追求的企业，往往也脱离了以客户价值为核心的品牌本质，难以建立长久的高价值的品牌。这也是许多中国品牌存在小、乱、散、慢、短问题的根本原因。

八、缺乏中国特色的品牌管理模式，盲目效仿与跟随西方品牌建设模式

西方企业的品牌管理模式是在数百年的品牌运营实践中积累起来的，有许多值得学习和借鉴的地方。但是有几个地方需要注意：一是优秀的品牌是有根和魂的，每个国家的品牌都有鲜明的国家和地域特色；二是优秀的品牌都有文化基因，并植根于国家的人文地理、社会文化和民众个性思维中；三是优秀的品牌都与企业自身的资源和技术等能力优势有效契合，难以模仿和复制；四是优秀的品牌都是多年积淀出来的；五是进入中国的西方企业，多是经营多年，实力雄厚，品牌管理团队能力高，品牌经营能力强，品牌建设掌控的内外部资源多，投入多，品牌管理模式也稳健而系统。品牌建设是一个系统的工程，这些都不是多数中国企业所能模仿和复制的。中国特色品牌建设模式和方法的缺失，也使得许多中国企业一味地学习和模仿西方企业的品牌建设模式，缺乏具有企业特色和资源优势的品牌建设模式，以己之短，竞人之长，难以有效提升品牌价值，也难以建立基于核心能力的竞争优势，只能使中国企业的品牌价值差距越拉越大。

中国品牌在发展和国际化过程中，必须探索适合自身资源与能力的品牌发展模式。中国品牌的制胜之道和生命力也在于鲜明有力的中国特色和本土资源优势。

第三节　7C 品牌管理模式

从“中国制造”到“中国创造”再到“中国品牌”，是一个从量变到质变的长期的持续过程。对于发展中的中国企业而言，做快、做强、做大、做长是许多中国企业组织建设的目标，也是中国企业品牌建设的路径。做快是指企业精选客户价值，通过精准品牌定位与差异化品牌营销在细分市场取得快速发展。做强是指企业将品牌价值建设与组织核心能力建设相契合，通过协同发展促进企业核心竞争力的持续增强。做大是指企业创新品牌价值成长模式，拓展品牌价值链与品牌生态系统，持续提升和扩大品牌价值和品牌资产。做长是指企业坚守核心价值理念，发展长效的动态创新与发展机制，持续创造和提升品牌价值和客户价值，发展长期的客户关系与客户忠诚，促进企业的长久、健康发展。

一、7C 品牌管理模式的概念

7C 品牌管理模式是指以品牌价值创建与价值经营为核心构建的品牌管理模型，具体内容包括：品牌价值选择（choice）、品牌价值识别（certification）、品牌价值创造（creation）、品牌价值成长（cultivation）、品牌价值实现（complement）、品牌价值沟通（communication）和品牌价值管控（control）的品牌战略管理模式。

二、7C 品牌管理模式的内涵

7C 品牌管理模式以品牌价值管理和经营为核心。在品牌价值选择环节，企业应注重品牌价值的系统规划和企业核心竞争力提升；在品牌价值识别环节，企业应注重品牌价值形象与企业内外部资源与核心竞争力的协同发展；在品牌价值创造环节，企业应注重创建与经营适合自身资源与能力的品牌发展路径；在品牌价值成长环节，企业应注重发展适合企业内外部资源和核心竞争力持续提升的品牌价值成长模式，促进品牌价值的持续成长；在品牌价值实现环节，注重品牌价值链的成长和企业品牌生态系统的构建；在品牌价值沟通环节，企业应注重塑造个性化的企业形象，发展高成效的客户价值沟通模式；在品牌价值管控环节，企业应注重品牌运营的有效管控和品牌的持续改善。

需要强调的是，7C 品牌管理模式是一个价值导向的、动态发展的品牌管理模式，并贯穿于企业内部管理系统、企业品牌价值链管理系统与品牌价值生态系统的发展历程中。有组织的系统化的品牌管理与运营，也将持续改善中国企业的品牌价值管理能力，持续提升企业的品牌价值创造能力，增强企业的差异化竞争优势，促进中国企业品牌价值的持续成长。

三、7C 品牌管理模式的八项发展原则

（1）客户价值导向。

（2）竞争导向。

（3）与企业的使命和愿景相适应。

（4）与企业的发展战略相适应。

（5）与企业的内外部资源与核心竞争力有效匹配与协同。

（6）是内生能力驱动与外部资源整合协同发展的统一。

（7）虚与实、人与物的品牌协同建设。

（8）注重短期创新变革和长期一致性。

本书也将以 7C 品牌管理模式为主要脉络，以企业的品牌价值经营与价值成长为核心，深入探讨中国品牌的发展模式与发展路径。

第四节　3S 品牌发展方略

一、不同发展阶段企业品牌发展态势分析

企业在不同的发展阶段，由于其核心能力与资源不同、发展规模不同，企业的发展战略也有所不同，因此品牌建设的重点各有侧重，并需要随着市场竞争环境的变化和企业的发展而适时调整。

服务于企业的发展与竞争战略，在市场层面，企业的品牌建设与发展战略更应该关注与配合市场经营目标。

企业在不同的发展阶段，品牌建设与经营的重点具有显著的差异性。一般而言，小企业应重点解决建立品牌识别、扩大公众认知、构建品牌差异化形象与低成本传播问题；中等企业随着发展规模与实力的增强，可以更多地考虑区域品牌建设、品牌差异化竞争、品牌价值形象建设与高成效传播问题；大企业则更需关注高价值品牌建设，品牌观念、个性与品位建设，品牌架构管理与整合，包括品牌延伸模式、整合营销传播。

二、3S 品牌发展方略的提出

中国广阔的地理空间，庞大的人口基数和消费潜力，跨国企业的高强度竞争，以及国内大量生产型企业产品技术含量低、差异化小乃至同质化，产能过剩，品牌力低，低价竞争为主要市场竞争手段，是中国企业面临的主要外在环境。中国企业发展时间的短暂性，资源与能力的有限性，品牌资产与品牌价值以及品牌管理能力的有限性，是多数中国企业面临的内在约束条件。

不同企业，在不同发展空间和发展时间阶段，面临的内外部环境不同，品牌建设的重点和策略也有所不同。世界市场竞争态势下，总体而言，中国企业发展的时间短，规模小，技术水平相对落后，管理水平与品牌经营的时间与能力相对不足，国际化品牌经营的经验与能力不足。内外部的机遇与威胁，以及资源与能力的约束条件，决定了品牌建设的速度（speed）、强度（strength）与规模（scale）成为中国企业品牌发展的关键词。3S 品牌发展方略，即“快品牌”发展方略、“强品牌”发展方略、“大品牌”发展方略的提出，是创新中国品牌发展路径的初步探索。三大策略在具体执行环节的经营思路，将在后续章节详细探讨。

（一）“快品牌”发展方略

“快品牌”是个相对的概念，整体而言，品牌的创建是个长期的历史进程。在新的历史时期，以新能源、新材料、生物科技、信息技术为代表的新经济业态

发展，为企业品牌的快速创建与飞速发展提供了历史机遇，谷歌（Google）、百度、脸书（Facebook）、中国动向（KAPPA）、华谊兄弟影视等新兴企业的快速发展，验证了快品牌发展模式的现实路径。

“快品牌”发展方略的目的是帮助企业在较短的时间以较高的速度创建、发展和经营品牌，实施超常规增长。其核心思想是企业创新经营模式，通过轻资产经营模式、核心技术发展模式、核心产品经营模式等发展思路，集中优势资源集聚核心竞争能力，创新品牌创建和发展模式，占据和拓展细分市场的竞争优势，以点状突破带动全面发展，实现快速成长和壮大。

“快品牌”发展方略可以采用下述三种方式：一是发展核心产品，集中优势资源在区域市场或细分市场增强品牌营销和渠道终端建设的密度，建立细分市场的市场优势和品牌影响力，然后滚动复制，拓展全国市场。二是集中优势资源通过强势广告在全国范围内做强品牌知名度，通过品牌招商、品牌授权、品牌特许等方式迅速拓展渠道终端，实现品牌的快速发展。三是购买成熟品牌，实现快速的品牌占有和市场占有。

（二）“强品牌”发展方略

“强品牌”发展方略的目的是帮助企业发展核心能力，占据差异性竞争优势，做高品牌价值，发展和壮大品牌的价值和实力。其核心思想是企业集中优势资源做强品牌，做强核心能力，做深技术，做大终端，发展品牌价值链，从而建立细分市场的竞争优势。富士康在 IT 制造领域的品牌竞争优势，茅台酒在中国白酒领域的品牌竞争优势，华为在电信领域的品牌竞争优势，苹果在消费电子产品领域的竞争优势，都是强品牌发展模式的典型代表。

“强品牌”发展方略可以采用三种方式：一是发展核心技术和强势产品，以产品为龙头发展强势品牌；二是做大细分市场的渠道和终端规模，以终端的规模优势为核心建设强势品牌；三是做强品牌价值和品牌影响力，以强势品牌为龙头发展品牌特许、品牌授权和品牌产品招商，通过产品和销售终端的规模扩大和品牌势能成长创建强势品牌。

（三）“大品牌”发展方略

“大品牌”发展策略的目的是帮助企业做高品牌价值，做大品牌资产，发展和壮大品牌生态系统，创建企业的系统竞争优势。其核心思想是企业做大品牌、做强核心能力、增强品牌延伸能力、加强品牌生态系统建设、做大产品和市场规模、建立产业领域的系统竞争优势。联想在 IT 产品、股权投资等领域的广泛布局，中粮的全产业链发展模式，复星集团的多元化经营模式，IBM 以 IT 服务为主导的产业生态系统经营模式，都是大品牌发展策略的典型代表。

“大品牌”发展方略可以采用四种方式：一是以市场份额为导向，做大企业规模与实力，创造规模效应，积累品牌势能，并以成本和规模赢得竞争优势；二是针对中国市场的大品牌认同的特点，实施单一品牌策略，并针对泛客户群体延伸发展品牌延伸；三是拓展品牌授权方式，做大品牌产品的规模；四是做大企业生态系统，建立产业层面的竞争优势。

第五节　中国国家品牌的设计与经营

伟大的中国必将拥有伟大的国家品牌。植根于深厚东方文明系统设计与经营中国国家品牌，构建与发展中国的国家精神、国家形象、国家公民与组织行为，构建与发展强大的国家品牌生态系统，将有效促进中国的持续发展与复兴，促进世界文明的交融发展，促进世界各国实现共识、共生、共序、共荣。

伟大的中国正在建设，也必将拥有强大的、与中国国家实力和地位相适应的伟大的国家品牌。中国国家品牌建设的目的是服务国家发展战略与国家复兴，匹配中国的国家实力，基于中国的国家优势与特色，在世界舞台上创建与积聚中国的国家竞争优势，构建具有全球领导力的大国品牌。

中国国家品牌的设计与经营是一个系统工程，在内容范畴上包括国家精神、国家形象、国家行为和国家物化元素四大层面，是一个多元、多维、多层次、大空间、长时间的系统集合；在沟通范畴上包括以人为核心的品牌感官接触，人际沟通，情感交流与认同，精神契合与共鸣。国家品牌设计需要系统规划，在经营范畴上是多元构建，大空间、长时序有效规划、经营与营销。

从世界范围看，中国的优势基因包括大空间、长时间、多元文化、大人力资源、工业体系健全等领先优势。中国国家品牌的设计与经营，需要遵循品牌经营的规律，持续性地发现、选择、提炼中国品牌的高价值元素、高竞争力元素、具有鲜明差异化的符号元素、行为元素、物质与产品，系统规划、管理与营销，从而实现中国国家品牌的发展。科学的国家品牌设计与经营模式，将有助于向国内、国际有效沟通中国的国家理念、国家形象和国家行为，通过有效营销中国富有特色与优势的物化资源与产品，促进中国持续提升国家影响力，进而促进国家发展与复兴。

一、建设东方文明、领先世界的中国国家精神

有国家必有其精神。欧美国家在构建国家精神中，注重以自由、平等、博爱为核心的西方价值观，并形成了具有欧美共识的国家精神基因，传播泛化为普世价值观，并作为国家软实力的主体向外传播与输出，具有相当的世界影响力，并有力地配合了欧美跨国企业及欧美公司文化产品及品牌产品的全球营销。林肯

在葛底斯堡宣言中的“民有、民享、民治”思想，孙中山的“民族、民权、民生”思想，毛主席的“为人民服务”思想，都是具有重要影响力的国家精神范例。

世界文明在相互交融中创新与发展。中国精神的构建，既需要吸收与发展具有全球共识的普世价值观，也需要从具有五千年文明的中国深厚的历史文化中提炼与发展可以领先世界、影响世界、具有世界影响力的价值观念，为世界文明的发展做出更多贡献。作为东方文化的创建者与集大成者，中国璀璨的多元文化富含珍宝，儒释道文化中，可以提炼、简化与固化出许多具有普世价值观意义的国家精神理念。《易经》《道德经》《中庸》中皆有论述的“中和”思想；《易经》中乾坤两卦所倡“自强不息，厚德载物”“天人合一”“和而不同”等理念都具有普世价值观意义。和谐社会，包容性发展思想的提出都是中国精神具有时代精神的创新与发展。从中提炼、构建与发展中国精神，并代表东方价值观在国内外有力地传播，有利于发展与传播中国品牌与文化，并促进与世界各国在价值观层面的共识，实现共生、共序、共荣。

二、建设文明、民主、法制的中国国家形象

国家形象的设计也是一个包含时空因素，积聚了人、物、能量与信息的复杂系统。笔者认为，国家形象在内容上包括国家图腾、国家符号、国家理念、国家标志性文化、国家标志性人物、国家标志性事件、国家标志性物质形态、国家标志性产品等。国家形象的设计，既内在地需要具有鲜明的中国符号、深厚的中国文化特色、中国价值形象定位与实力展现，又需要在承载与弘扬真、善、美的长效国际化拓展与交流中持续提升国家声誉。

欧美国家设计与经营国家形象的范式各具特色，可为我们借鉴。美国以自由女神、星条旗、华盛顿、好莱坞、航空母舰、可口可乐、麦当劳等展现国家品牌精神与形象。法国以凯旋门、罗浮宫、三色旗、拿破仑、路易威登等为主要品牌标识物展现国家品牌精神与形象。德国以歌德、康德与黑格尔等文化巨人，奔驰、宝马等世界级产品为主要品牌标识物展现国家品牌精神与形象。

中国国家形象需注重基于深厚人文地理资源和优势领域，选择与创建中国富有文化内涵，具有独占性、高价值性与差异性的独特品牌形象，选择具有全球影响力与标志性的中国品牌元素。注入文化、地理标志，历史与时代人物，领先产品品牌等协同建设，系统发展。

在国家图腾建设层面，八卦太极图、太阳神鸟标志、青龙白虎朱雀玄武标志、巨龙标志等，都是富有中国特色的中国文化图腾标志。笔者认为，作为中国重要的文化源脉和具有世界影响力的后天八卦太极图为周文王原创，形象鲜明，内涵丰富，富含中和思想，富含“厚德载物，自强不息”的中国精神，适于作

为中国的国家品牌图腾标志广泛应用与传播，与五星红旗等国家形象标志协同使用，可更为简单、直观、鲜明有力地向世界传播中国精神与中国文化。

在国家文化形象设计层面，以周文王《易经》为代表的易学文化，以老子《道德经》为代表的道家文化，以孔子《论语》《中庸》为代表的儒家文化，以《黄帝内经》为代表的中医药文化，以法门寺、少林寺、灵山寺为代表的佛教文化，都具有世界影响力，都对世界有重大文化影响和价值贡献，广受认可与尊重。近年国家创新华夏文化提出的和谐社会理念、包容发展理念，都可作为传播东方价值观与中国品牌文化的重要理念广泛传播。在国家文化品牌经营上，都可借鉴孔子学院的经营模式，构建连锁经营的文化组织品牌，加大国际化运营扶持力度，有效经营国家文化品牌。

文化品牌经营需要有标志性文化组织载体以广空间、长时效经营，并以中国文化品牌的构建与国际化经营带动中国文化产业品牌的国际化经营。德国歌德学院是德国在全球推进德国文化与德语教学的重要发展模式。中国创建的作为中国儒家文化载体的孔子学院，已经在全球范围内拓展，对于推动汉语教学、普及中国文化也产生了重要作用。

笔者认为，中国应该在国家层面加速筹建作为中国道家文化标志的组织载体的“老子学院”，并以品牌化连锁化经营，全球化发展，加快传播与普及中国以《易经》《道德经》《黄帝内经》《南华经》为代表的道家文化；相应地发展“张三丰武馆”，教授丹道、太极拳等道家养生功法，发展“张仲景中医馆”经营中医馆，传播与应用中医药理论低成本养生治病，扶危助困。这些方略都可有效推动中国道家文化与相关产业的全球化连锁化发展。同时，作为中医药养生文化载体的同仁堂、中医针灸等，都应作为中国国家品牌的组成部分实施品牌化经营，在国际化方面要予以大力支持与重点推广，实施大品牌经营，连锁化发展，全球化发展，以民族文化的自豪感凝聚全球华人力量，并在全球普及与扩大以中国为代表的东方文化的影响力。

三、建设东方文明、践行道德与法制的公民与组织行为

国家品牌的建设与发展，需要在人的层面的公民与组织行为的坚强支撑。社会公众对一国国家品牌的认知与体验主要通过对该国人与组织的行为因素，以及人际与组织的互动沟通实现。中国公民行为与组织的行为成为影响国家品牌识别与品牌声誉的重要因素，人与组织行为建设也因此成为建设国家品牌、积聚国家实力与声誉的重要内容。

欧美国家在公民行为建设上，以自由、平等、博爱、民主、法制为核心理念，注重遵守宪法与法律，尊重信仰与人权，强调个性自由，已经形成了较为成熟的公民价值观体系与公民行为规范。

中国精神外化到公民行为，基于历史传承与时代特色，也富有很多先进的公民与组织践行模式。中国文化注重知行合一，内圣外王，“致中和”“天人合一”“和而不同”“上善若水”“仁者爱人”“为人民服务”“自强不息，厚德载物”“格物致知”“实事求是”“己所不欲，勿施于人”“克己复礼”，这些都可作为中国独特的公民行为模式，代表东方行为模式与世界良性沟通，凝聚共识，多元共存，协同发展。

笔者认为，目前而言，中国公民行为与组织行为的建设，尤为欠缺并需要增强的内容主要是精神信仰，以及契约精神与法制精神。建立信仰，有助于培养慈悲心、敬畏心，注重个人修行，善待自己，善待他人，善待自然。建立契约精神，有助于推动信守承诺、尊重规则，信守合同；建立法制精神，会尊重和信任法律，依法办事。多维度、长时间的公民行为文明教育，有力的媒体监督，完善的法制建设，严格的法律执行，将是长期努力的方向，是改变公民与组织行为文明的方向，也是建设国家品牌、积聚国家声誉的重要因素。

四、建设强大的中国国家品牌生态系统

中国国家品牌的建设与发展，需要以中国国家品牌的发展，以及中国文化与价值观的全球化传播与经营带动众多中国品牌成长为国际品牌；国家品牌的经营与发展也需要众多坚实的品牌经营组织载体与细分领域的领导品牌作为国家品牌的系统提升予以支撑。系统规划与建设、发展传媒品牌、文化品牌、地理品牌、会议展览竞赛品牌、商业品牌，产品品牌等品牌群落，建立与发展强大的中国国家品牌的生态系统，通过协同发展，相互促进，将为中国国家品牌的建设奠定坚实有力的组织与价值支撑，并构建可持续的国家竞争优势。

在传媒品牌经营层面，中国需要以大型传媒集团品牌的发展与经营为中国品牌的国际化发展与营销奠定有力的传播载体支撑。中国已经拥有新华社、人民日报等享誉国际的传媒集团，以及以阿里巴巴、腾讯、百度为代表的众多大型网络媒体，但在全球尤其是英语世界传媒领域，尚缺乏有实力的传媒组织力量与媒介影响力。主流媒介集团扩大建立传媒分支机构的力度与速度，加强媒体并购整合资源，促进新型大型网络媒体的国际化发展，都是扩大中国全球传媒力量，增强媒介影响力与话语权的有力方式。阿里巴巴的全球化经营，腾讯及其微信产品的国际化发展，都是有益的探索。

在地理旅游品牌建设层面，中国山川壮美，人文璀璨，诸多千年古都品牌，五大名山品牌，丝绸之路品牌，长城品牌，故宫博物院品牌，秦兵马俑品牌，问道养生之旅品牌，参禅习武品牌，中医养生保健品牌，民俗文化品牌，演出品牌，美食品牌，“义乌小商品城” 品牌等优势领域，都需要进一步系统规划品牌经营策略与品牌形象，实施品牌化与连锁化经营，品牌价值链乃至品牌价值网经

营，发展多空间、长时间段的系列化品牌产品经营与服务模式及国际化经营模式，以此建立高价值、有差异化特色、系统化品牌化经营与营销，建立中国特色的品牌竞争优势。

在组织、会议、展览、竞赛品牌形象建设层面，中国需要加强组织、会议、展览、评奖等组织品牌的品牌化、全球化经营，以持续扩大中国全球影响力，带动相关领域的国际化经营。目前欧美国家已建立了以奥运会、世博会、世园会、达沃斯论坛、诺贝尔奖、奥斯卡颁奖典礼等为代表的众多世界级组织与会议、评奖品牌平台。我们一方面要参与其中，加大话语权与影响力；另一方面也需要逐步创建更多中国主导的组织、会议展览与竞赛品牌平台等，并增强组织品牌的国际参与度与国际影响力。中国成功举办了北京奥运会、上海世博会，发展了上海合作组织、博鳌亚洲论坛、广交会、欧亚博览会、进博会等大型国际会议与展会，随着国家实力的发展，还需要建立和发展更多有影响力的组织与会议展览品牌，这也是经营国家品牌、扩大国家声誉与影响力的重要载体。

在商业品牌建设方面，中国应以发展全球化商业连锁品牌带动中国商品品牌的国际化经营。鉴于多数中国企业的品牌建设和全球化发展还处于初级阶段，海外自有品牌销售渠道不足，以此可以在国家层面建立终端品牌发展战略，在资金和政策层面扶持和发展更多的终端品牌机构，由国家支持，结合终端机构和产品厂商的投入，以资本为纽带在海外通过兼并收购和自建等方式建设品牌终端机构，发展中国城品牌和产品品类批发或终端品牌，以终端品牌带动产品品牌的发展和销售以打通中国产品的销售渠道，降低中国产品品牌的海外扩张和销售成本，扶持更多中国品牌的全球化成长。以万达商场、华润万家为代表的中国mall，以义乌小商品城为代表的中国城，以苏宁电器、国美电器为代表的3C电器连锁，以居然之家、红星美凯龙为代表的家居卖场，以阿里巴巴的天猫商城、苏宁云商为代表的电子商城，以海底捞为代表的美食品牌，都应在中国品牌的国际化经营与发展，以及在带动中国商品品牌全球化发展中获得更大支持，承担更大的使命。

在产品品牌建设层面，中国需要以世界级企业、世界级品牌的建设与发展来改善中国企业与中国产品的品牌形象，并以此牵引和带动更多中国企业品牌、中国产品品牌发展为全球声誉的全球品牌。以华为、中粮、联想、腾讯、阿里巴巴为代表的世界级企业，正在承担这样的历史责任，而以北斗导航、神舟飞船、华为通信产品、同仁堂国药、红旗轿车、茅台酒为代表的中国优势民族产品梯队也具有这样的实力。品牌企业的自身发展与国家支持的协同经营，将有助于中国国家声誉与国家实力的构建。

五、结语

东方文明悠远、深厚与灿烂，曾经并正在为世界文明的发展做出重大贡献。

建设与发展中国国家品牌，植根于东方文明建设高尚且普世的国家精神，创建文化内涵丰富、形象鲜明的国家品牌形象，发展高价值、高质量、优质服务的中国品牌生态系统，践行“知行合一”的东方文明行为范式。建设与发展强大的中国国家品牌，也将有助于在全球范围内扩大东方文明的影响力，促进中国文化与中国品牌的国际化发展，促进中国的发展与复兴，促进世界各国在文明交融发展中实现共识、共生、共序、共荣。

第三章 品牌价值

品牌价值选择的核心是消费者价值的选择和创造。品牌价值选择以客户价值的满足为核心，以企业战略的规划与执行为基础，其内容包括品牌评审、客户价值选择和品牌价值定位三大部分。

品牌价值的选择与创造服务于企业战略，始于企业战略。企业战略规划与执行包括企业的愿景与使命、企业内外部资源、企业核心能力发展、客户价值导向、竞争导向五大核心要素。基于企业内生能力持续发展，以及企业内外部资源的有效协同实施品牌价值的选择与创造，实现和满足客户价值，也是企业实现持续发展的重要发展思路。

品牌价值选择，以及社会与人的持续发展，随着消费者价值需求的进化而共同进化，是个动态循环、持续完善的过程，并在客户价值持续选择、创造与满足的过程中实现品牌价值和企业价值的持续成长。

第一节 品牌评审

品牌环境评审，包括行业市场评审、品牌竞争评审和品牌价值评审三个方面。充分的市场调研和完善而细致的品牌环境评审，是企业合理规划和实施品牌价值选择，实现品牌价值创造的重要先决条件，并有利于避免盲目决策和市场风险。

一、行业市场分析

行业市场分析，包括市场总量分析、产品结构变迁分析、地区消费结构变化分析、行业集中度分析、市场集中度状态分析以及企业相应的发展策略。

（一）市场总量分析

市场总量分析主要是分析整体行业市场的容量成长情况。通过数据分析，可以统计、整理出行业市场容量成长曲线的不同走势图，从中可以分段显示其年均增长率。我们可以据此直观地分析出目前整体行业市场是处于快速导入期，还是成长期、成熟期或是衰退期，并制定相应的发展策略。

一般而言，处于成长期的行业市场蕴含更多发展机遇，此时企业应以快速占领市场、扩展分销渠道为主要对策。而处于成熟期及衰退期的行业市场则蕴含更多威胁与风险，此时企业应慎重对待，并以市场细分发展策略以及差异化产品策略为主要发展策略。

（二）产品结构变迁分析

对于行业内产品结构变化的分析主要用于描述各产品细分市场的结构性变化。一般而言，成长中的行业细分市场和产品领域发展机会更多，企业应予以重点关注，并加强相关产品的研发生产和市场开拓方面的投入。衰退中的行业细分市场和产品领域蕴藏的威胁和风险较大，企业应慎重对待，通过缩减资源投入，采取相对保守的市场策略，以赢取利润为主。对于产品类型的划分和市场调研方式，可以在实践中结合行业特色采用相关标准来规划实施。

（三）地区消费结构变化分析

地区消费结构变化分析主要是描述各地区市场的品牌销售份额变化。一般而言，品牌销售额持续增长的地域市场蕴含更多发展机会，而市场份额缩减衰退中的市场则蕴藏威胁和风险。企业需要结合资源优势和品牌竞争态势，集中优势资源实施重点市场突破，带动其他区域的发展。地区市场的划分办法，以企业的市场管理区划的划分为主要考虑因素，可以采用按东北、西北、华北、华东、华南、华中、西南来划分，也可以按省划分。

（四）行业集中度分析

行业集中度主要指行业市场的品牌整合程度。如果行业集中度曲线上升迅速，则表明行业竞争激烈，优势企业正采用加大资源投入、增强品牌宣传、拓展渠道与终端规模，甚至降价等方式大力扩张市场，扩大市场份额；而相对稳定的行业集中度曲线则表明行业市场的竞争结构相对稳定，领导厂商的市场优势地位已经建立，二三线品牌的发展，需要在发展策略和资源投入、品牌竞争策略规划和执行等方面做出更多努力。

一般而言，处于集中度迅速上升时期的行业市场蕴含更多发展机会。企业在这个阶段实施“快品牌”发展策略更为有效，企业加大市场投入，加快渠道建设，往往能获得高成效的发展，并有利于建立行业领导品牌。而处于行业集中度相对稳定时期的行业，企业发展机会则相对少一些，企业扩张的努力会受到领先厂商的集体抵制，此时企业应更为注重实施差别化的发展策略，谋求在行业细分市场占据领先的市场份额优势，建设细分市场的领导品牌。

（五）市场集中度状态分析以及企业相应的发展策略

市场集中度根据其发展状态的不同，可以划分为散点市场、块状同质化市场以及团状异质化市场。不同的市场集中度状态意味着不同的市场发展特征、消费者消费模式和市场竞争态势。深入的市场调研有助于企业深入了解行业市场发展状态和竞争态势，并建立相应的发展策略。

二、品牌竞争分析

企业的品牌策略，是在具体的市场环境和品牌竞争态势下规划和实施的，在更大意义上是品牌竞争策略。“知己知彼，百战不殆。”对于品牌竞争者的深入细致分析，是企业确定品牌战略，成功创造品牌价值的重要因素。品牌竞争分析的内容，包括品牌竞争策略、竞争者分析、企业品牌消费者分析、竞争品牌消费者分析以及品牌竞争力分析等方面。

（一）品牌竞争策略

合理、系统的品牌竞争策略，源于系统的品牌组织与能力、制度、流程建设；源于完善的市场调研和竞争策略研讨制定；同时也需要有效的管理与运营。

（二）竞争者分析

系统规划品牌竞争策略，企业需要进行深入的竞争者分析和竞争策略规划，以下问题是考虑的重点：

（1）品牌的独特价值是什么，具有哪些竞争优势？

（2）我们与谁竞争？可以从谁那里夺取市场？为什么？

（3）竞争品牌的优势是什么，弱点在哪里？

（4）品牌竞争的范围、范畴、方式是什么样的？

（5）我们的竞争对手是如何与消费者沟通，如何创造品牌价值的？

（6）消费者对那些竞争品牌的认知和体验是怎样的？

（7）将来那些竞争品牌可能会怎样反击我们？

（三）企业品牌消费者分析

定期实施充分的市场调研，深入了解企业品牌的消费者的状态与需求特征，是企业调整、规划和实施未来品牌策略的重要因素。对于企业品牌消费者的分析：一是深入分析品牌消费者现在和未来价值需求的特点；二是分析品牌消费者对于品牌的认知度、美誉度等；三是深入分析品牌消费者对于品牌的忠诚程度和关系强弱分布。企业需要在此基础上梳理客户需求特点强弱，并制定相应的品牌营销策略和客户关系管理策略。

（四）竞争品牌消费者分析

对于竞争品牌消费者的调研与分析，也是制定品牌竞争策略的重要因素。对于竞争品牌消费者分析的内容：一是消费者的价值需求特点；二是消费者的主要购买原因；三是消费者的主要不满因素；四是消费者与竞争品牌关系的强弱分布；五是消费者转化品牌主要的考虑因素。这些也是企业实施品牌竞争策略的重要考虑因素。

（五）品牌竞争力分析

品牌竞争力包括用户保持力和用户捕获力。用户保持力是指企业品牌对自身消费者的保持能力，具体体现为客户满意度、客户忠诚度、客户重复购买及客户推荐等方面。用户捕获力是指企业品牌捕获竞争品牌用户的能力，体现为竞争品牌用户对企业品牌的兴趣度、好感度、打算购买的程度等方面。二者综合体现出企业品牌在市场竞争中的实力。

三、品牌价值分析

品牌价值分析包括客户角度的品牌价值分析、市场角度的品牌溢价和品牌销售额分析，以及财务角度的品牌权益分析等。本节主要从客户价值角度实施品牌价值分析，主要内容包括品牌认知度和品牌美誉度分析、品牌市场价值分析和品牌消费者交易价值分析三个方面。

（一）品牌认知度——美誉度分析

品牌认知度是美誉度的基础，而品牌美誉度才能真正反映品牌在消费者心目中的价值水平，二者都是衡量品牌价值外延度的重要指标。知名度可以通过宣传手段快速提升，而美誉度则需要通过长期的细心的品牌经营，十年如一日地保持良好的品牌形象，才能建立起来。

（二）品牌市场价值分析

品牌的市场价值可以用客户推荐度、使用率、购买性、美誉度、认知度五个指标来分析。其中购买性和推荐度主要是调研熟悉该品牌的受访者对该品牌的评价。品牌的市场价值主要可以通过市场调研数据来表述。高认知品牌市场说明品牌的各个维度都表现良好，具有较高的市场价值。传播缺乏表明品牌的内在价值高，但品牌认知度和美誉度不足，企业应在品牌价值沟通方面投入更多资源和努力。低认知品牌说明品牌的各个市场价值维度都较低，需要从内在的品牌价值品质建设到外在的品牌价值沟通做出系统努力。虚名品牌说明企业品牌营销过度，名不副实，企业应更为重视品牌内在价值建设，注重品牌产品功效、品质和服务的系统提升。

（三）品牌消费者交易价值分析

品牌与品牌消费者的关系发展是一个过程。在不同的发展阶段，品牌沟通策略与品牌影响的策略也有所不同。企业应完善在各个品牌接触点的客户价值沟通，增强客户的品牌认知、品牌认同、品牌价值体验，创造和促进客户品牌交易的动机和利益点，促进品牌交易，实现品牌价值。企业还需要在产品价值创造、服务价值创造、客户关系管理等方面系统规划，发展品牌忠诚客户，促进品牌的持续消费，实现更多的品牌价值。

第二节 客户价值选择

品牌价值的本质是客户价值。品牌价值选择和创造的基础也是有效的客户价值选择。客户价值的选择，基于市场环境和竞争态势，基于企业的资源与能力，基于企业的发展战略。品牌价值的选择，关键在于细分市场的选择、核心客户群体的选择和客户价值需求的选择，并以此为基础匹配和发展企业的客户价值创造模式和品牌价值发展模式。

一、客户价值的概念

关于客户价值的完整定义，业界尚无统一的认识。菲利普·科特勒提出的“客户让渡价值”定义具有较大影响。客户让渡价值是顾客从产品（包括服务）中获得的全部价值(U)与获得此产品而付出的全部成本(C)之差，即 $CDV=U-C$。当客户让渡价值大于零时，客户所获得总价值大于总成本，客户就会满意；否则，客户就不满意。科特勒还研究了客户价值的构成，并将其分解为产品价值、服务价值、人员价值与形象价值等；将客户成本分解为资金成本、时间成本、体力成本和精神成本等。

在更广泛的层面，客户价值在发展演进中包含了客户的功效价值、关系价值和个性价值。客户价值体验取决于所获得的利益（产品特性、功能、质量等有形利益；服务态度、速度、专业化；对于品牌的情感和群体认同体验；个性价值体验等无形利益）与所付出成本（价格、付款方式、维护成本、替换成本、时间成本、情感成本、安全性与风险度等）的差值。

二、细分市场选择

企业细分市场的主要目的是有效选择企业的目标客户市场。对于企业而言，细分市场是指在市场上具有近似消费价值需求，寻求近似价值解决方案的典型消费群体。企业需要通过有效方式发现消费群体的近似价值需求，以此为基础创造品牌价值，满足客户需求，这也是企业实现品牌价值创造的重要基础工作。

细分市场选择的内容，包括确定特定市场细分的原则与方法、描述和分析细分市场客户需求，以及确定细分市场三方面。

（一）市场细分的七大原则

不同领域，不同的企业，在不同地域，不同时期选择和实施市场细分时，有不同的关注内容和权重，一般而言，企业实施有效的市场细分有下列原则。

（1）战略匹配性。细分市场选择应与企业发展战略选择具有一致性。

（2）可执行性。细分市场选择应与企业现有和未来资源与拓展能力相匹配，有利于细分市场的有效开拓。

（3）高价值。细分市场在规模、成长性、竞争态势、拓展成本、客户发展等方面具有较大的发展空间和盈利机会。

（4）强品牌。细分市场应有利于企业建立和发展强势品牌，吸引最可能的客户，发展忠诚客户群体。

（5）可到达性。细分市场应有利于企业的快速进入，以及销售通路和多产品拓展，以及品牌的价值沟通。

（6）差异性。各细分市场内部具有相似性，相互之间有较显著的差别，易于识别、区分和分析。

（7）可防卫性。企业在细分市场易于建立竞争优势，竞争者不能轻易进入或立即跟进这一细分市场。

（二）市场细分的方法

市场细分具有多种方法和模式，消费者的人口统计特征、消费者消费特征、企业产品服务特征是三个主要的分类维度。企业可以根据消费者的消费模式，结合行业特点和产品特点灵活运用，以确保市场细分的合理性和有效性。

常用的市场细分方法包括八种类型：按人口统计特征分类、按地理特征分类；按客户的价值观和态度分类，按客户的使用行为分类，按消费者的需求、动机和购买因素分类；按产品和服务的使用场合分类、按产品类别和沟通渠道的态度分类、按产品的利润潜力分类。

（三）确定细分市场

细分市场的选择和发展，是企业发展与成长中的一个阶段性历程。在不同的发展阶段，企业需要随着外部环境、竞争态势、客户价值需求的变化，以及企业内部资源能力的变化而动态调整，采用不同的策略。

一般而言，基于客户市场价值的大小，细分市场主要包括高优先权市场和中等优先权市场。

在高优先权方面，细分市场 A 潜在客户规模大，客户价值与品牌价值匹配度高，消费者对于企业的品牌、产品和服务具有高种类包含力，市场成长空间大，是企业目前和潜在的最大价值区。企业应优先选择，并投入更多资源发展，谋求建立强势的市场地位，发展强势品牌，并获取更多的市场份额和利润。

在中等优先权方面，细分市场 B 消费者开放度高，易于接受新品牌，消费者对于企业的品牌、产品和服务具有较高种类包含力，但并未完全包含，消费者更倾向于高性价比的产品。市场规模相对较小，市场目前价值与潜在价值空间相对有限。企业应更多地采取维持和稳定的市场发展策略。

细分市场 C 消费者开放度高，易于接受新品牌，但是品牌忠诚度不高，消费者以消费价值为导向选择品牌，品牌和产品服务的种类包含度相对较低，品牌间具有较强的替代性。企业有效的品牌营销需要一定的客户增值服务策略和促销策略相配合。消费者群体的规模较大，但是潜在市场价值低于目前的市场价值，企业应更多地采取防卫和坚持的市场发展策略。

细分市场 D 消费者中度开放，但是相对关注品牌，关注消费价值和性价比。客户目前购买数量较少，整个市场规模较大，市场的潜在价值比目前大。企业应更多地采取扩张和增长的市场发展策略。

三、核心客户群体选择

目标客户市场的选择与目标客户群体选择具有一定的一致性。目标客户群体的选择和分类、分层更为具体和细致。目标客户群体可以细分为核心客户群体、战略客户群体、潜在客户群体以及影响力量群体四部分。核心客户是本品牌产品的主要购买群体和忠实客户群体，是企业品牌价值的主要创造者，企业应重点关注。战略客户是指目前没有购买或购买不多，但是客户需求与本品牌的核心价值与核心能力相一致的目标客户群体。潜在客户是指其他品牌的客户，或者没有特定品牌购买需求的客户，客户需求与品牌的核心价值和能力有一定的不一致性，但存在转化的可能。影响力量是指对于核心客户和战略客户的购买决策能够形成影响力的第三方力量。

企业可以细致分析每个客户群体的行为特征和消费模式，系统规划和执行更有针对性的品牌营销策略。对于企业而言，核心客户群体最为重要。企业的价值创造、企业的资源投入和能力建设，以及品牌价值的塑造与品牌价值沟通，应围绕核心客户群体的价值需求的选择与满足实施。

企业应同时兼顾其他客户群体，通过系统规划和努力拓展客户的范围，促进企业与客户品牌价值关系的扩展。对于潜在客户，企业一方面要在品牌营销环节加强对于潜在客户和影响力量的品牌沟通与信息分享，影响潜在客户和影响力量的品牌认知和品牌认同；另一方面要在人际沟通、客户营销等环节加强对于客户的行为干预，增强客户的品牌价值体验，促进更多客户向战略客户，直至核心客户的转变。对于战略客户，企业品牌营销的重点是加大品牌广告和促销的力度，增强品牌影响力和价值力，促进战略客户向核心客户的转化，促进客户更多的品牌消费。对于核心客户，持续的品牌价值沟通和客户关系管理也至关重要，稳固核心客户可以增强品牌的持续价值创造能力，而维系成本远低于发展新客户。

四、客户价值需求选择

客户价值需求选择，包括客户价值需求分析、客户价值选择、客户价值创造模式和客户价值管理四部分内容。

（一）客户价值需求分析

时代在发展，社会、技术与人也都处于动态的发展和进化之中。新的社会发展和技术进步由社会公众的努力而来，也推动着社会公众的价值理念、工作方式、生活方式与消费方式的发展与变化。对企业而言，客户的价值需求也在持续地发展和进化。

客户价值需求根据需求特点和需求层次，可以划分为功效（功能）价值需求、关系（情感）价值需求以及个性（观念）价值需求。三者相互独立，但又有一定的递进发展关系，互相影响与融合，构成完整的客户价值需求与价值体验。

1. 功效价值

在功效价值层面，客户的价值需求，从重视产品的基础功能，发展为更为重视服务内容与质量；从关注产品的独立功能，发展为更为重视系统的应用解决方案；从重视产品功能价值，发展为更为重视产品的功效和使用价值；从重视产品的购买价格，发展为更为重视产品的总体拥有成本；从重视产品的所有权，发展为更为重视产品的使用权；从以现金购买为主，发展为分期付款、贷款购买、租赁使用、产品使用利润分成等更为灵活的消费模式。

2. 情感价值

在情感价值层面，客户的价值需求更为关注心理和情感层面的价值体验与价值满足。客户价值需求从重视产品（品牌）功效发展为更加重视产品（品牌）的个性形象感觉与拥有、使用体验；从重视产品（品牌）交易发展为更加重视对于产品（品牌）的情感认同与情感关系；从重视产品（品牌）的个体情感关系发展为更为重视产品（品牌）拥有者之间的群体价值认知和价值认同，以及群体关系发展。

3. 个性价值

在个性价值层面，客户的价值需求更为个性化，更为关注个性化的价值追求、价值认同、价值体验和个人价值实现。客户价值需求从重视社会价值观发展为更加重视个人的价值追求和价值实现；从重视社会、集体和群体的价值认同发展为更加重视个人的价值认同和价值追求；从重视群体形象一致性和群体价值归属发展为更为重视个性化的价值追求与自我表达。社会政治、经济、技术、文化的发展，使得个性化的价值理念、工作方式、生活方式、行为方式，正发展成为重要的社会潮流和发展趋势。

需要指出的是，客户的价值需求存在着客户期望值的高低程度差异；客户实际的价值体验中存在满意度差异；两者密切相关。企业在选择客户价值时应结合自身的资源和能力，以及价值创造战略慎重选择考虑、系统规划，以更好地创造客户价值，满足客户价值。

客户价值需求根据存在状态，可以划分为现有价值需求、潜在价值需求和初始价值需求三类。现有价值需求（existing wants）是指客户认为已有的、能够满足价值需求的产品和解决方案。如市场的大量成熟的客户消费产品和消费模式。潜在价值需求（latent wants）是指客户已经具有、可以表达，但尚未得到满足的需求。如汽车消费者希望电动汽车的应用更为经济和方便，手机用户希望电池寿命更长等。有效选择和发现客户的潜在价值需求，通过创新发展系统的客户解决方案，也意味着更大的利润空间，以及更广阔的企业价值成长空间。初始需求（initial want）是指客户不具有、不了解，但又潜在存在的价值需求。在产品和解决方案没有创造出来前，客户尽管有潜在的价值需求，可能也不会表达出他们对即时贴、“汇源”纯果汁、云南白药创可贴、苹果 iPod 音乐播放器、招商银行网上银行服务的渴望。

（二）客户价值选择

客户价值定位，包括泛客户群体的价值需求分析、目标客户群体的价值需求分析和客户价值定位三部分内容。

中国市场是一个广地域、多元化、多层级的市场，经济发展的不均衡性，地理、文化与历史的多样性与差异性，导致不同区域的消费者、同一区域的不同层级的消费者，表现出明显的差异化价值需求特征。行业和细分市场不同，客户的价值需求明显不同，价值的关注点也不一样；相同的目标客户群体，在不同地域和不同时期，消费心理和消费模式不同，其价值需求也不相同。随着消费者购买力的发展和变化，其价值需求也会持续发展变化。

客户价值的选择，首先是对目标客户群体的深入分析，包括基础信息分析和核心价值需求分析。客户的基础信息分析包括人口普查特征、工作方式、生活形态、心理特征、精神追求、消费模式、信息沟通方式等。客户群体的核心价值需求包括功能价值需求、情感价值需求和个性价值需求。对客户价值需求的内容和规模的细致调研、分类和分析有助于提炼客户的核心的价值需求元素或价值元素组合，为企业价值的创造奠定基础和方向。

客户价值的选择，还需要重视更广泛的泛客户群体的价值需求分析，包括泛客户群体的基础信息、消费模式、信息沟通方式，以及产品相关的基础和普遍的价值需求等。对于泛客户群体的分析，有助于企业在品牌价值创造和品牌价值沟通模式规划上突出重点而又有一定的包容性和广覆盖性，有利于客户群体的拓展和积聚。

迈克尔·波特指出："竞争优势就其根本而言，来源于一个企业所能够为其买主提供的价值，这个价值高于企业为之付出的成本。"竞争优势的本质就是相对于竞争者而言，企业能够为目标顾客提供更有价值的产品或服务。在客户价值选择中，基于客户解决方案的客户价值、具有差异性的特色客户价值、个性化的客户价值、具有成本和价值优势的客户价值，都是创造提升客户价值的方法。

客户价值的选择，是对客户群体的价值需求的提炼、归纳、匹配与升华。企业在选择客户价值时，要注意以下六大原则：

（1）要有一定的规模效应和产品化特征，易于实现产品化与营销通路拓展，并具有快速成长的能力。

（2）要与企业的资源能力与价值创造能力相匹配，并有利于企业核心竞争力的持续成长。

（3）要以竞争策略为导向，企业应选择客户需求价值中的重点价值元素作为主要价值创造方向，集中优势资源创造差异化竞争优势。

（4）要与企业的发展战略相结合，基于客户解决方案创建和发展成体系的价值创造模式，建立系统竞争优势。

（5）要注意提炼客户群体的个性化需求特征，并系统规划客户的个性化需求解决方案。

（6）要易于识别和描述，易于品牌塑造和品牌传播。

（三）客户价值创造模式

在有效选择客户价值后，企业需要根据自身的资源和能力，依据目标客户群体的价值需求选择、创建和发展客户价值创造模式，创造和实现客户价值。

业界对于企业的客户价值创造模式已有诸多探索和实践。《发现利润区》《价值网》《利润模式》等许多书刊中，也有细致论述。客户价值创造模式，包括客户解决方案模型、产品金字塔、多重成分系统模型、配电盘模型、速度模型、卖座"大片"模型、利润乘数模型、创业家模型、专业化利润模型、基础产品模型、行业标准模型、品牌模型、独特产品模型、地区领先模型、大额交易模型、价值链定位模型、周期利润模型、售后利润模型、新产品利润模型、相对市场份额模型、经验曲线模型、低成本企业设计模型等。本书不再作过多评述。

需要指出的是，企业的品牌发展战略作为企业价值战略的一个组成部分，服务于企业的客户价值创造系统的建设。品牌战略规划与运营的重点：一是对接客户价值系统，发现、创造和满足目标客户的价值需求；品牌价值提炼，也应以核心客户需求价值的提炼为主，并以客户化方式，以客户的认知、理解和沟通方式规划品牌的客户价值诉求和沟通模式。二是对接企业的价值创造系统，依托企业的价值创造系统的发展模式、内外部资源与核心能力，持续提炼、创造、优化和发展企业的品牌价值和品牌资产，以支持和强化企业的竞争与发展战略。系统规划和努力将有助于实现品牌价值最大化和企业价值最大化，进而实现客户价值最大化的发展目标。

（四）客户价值管理

企业资产与品牌资产持续增长的驱动力在于卓越的客户价值管理。客户价值管理的关键是长期的客户关系管理。企业应注意系统规划和发展客户关系管理策略，基于客户生命周期管理实施有效的客户终身价值管理，以创造更多的企业价值。

第三节 品牌价值定位

一、品牌价值定位的概念

艾·里斯和杰克·特劳特于 1969 年提出定位思想。“所谓定位（positioning），就是令你的企业和产品与众不同，形成核心竞争力；对受众而言，即鲜明地建立品牌。”定位的核心是企业及产品在消费者心智中的认识和定位。

品牌价值的选择与定位，应从客户价值中发现，从社会价值中发现，从企业的资源能力中发现。但最主要的还是从客户价值中去发现、选择、提炼、定位。品牌价值定位（brand value positioning）是发现客户价值需求、选择品牌价值、定位品牌价值的过程。品牌价值定位更为强调品牌独特的价值属性和价值形象在客户心智中的定位与价值体验。品牌价值定位的方法包括产品类别定位、产品功能定位、企业技术定位、企业文化定位、消费者生理特征定位、消费者行为定位、消费者情感定位、消费者观念定位等。企业需要根据行业特征、产品类型、竞争态势，以及消费者需求特征等因素综合分析、灵活运用，选择合适的品牌价值定位策略。

二、品牌价值定位的目的

在某种程度上，品牌价值等同于客户价值，等同于客户承诺。品牌价值定位就是向外部世界表达品牌的独特价值属性、品牌识别特征和品牌个性。品牌价值定位也意味着一种客户价值承诺。企业可以通过成功的品牌价值定位，通过有效的品牌价值沟通方法对目标消费者精准传播品牌的功效价值（功能价值）、关系价值（情感价值）和个性价值（观念价值），系统打造品牌形象，促进消费者产生品牌认同和品牌偏好，进而促进品牌相关产品的销售。

三、品牌价值定位的时机选择

品牌价值定位有一个时机选择的问题，企业需要结合自身的发展态势和发展战略，在合适的时机、合适的地点，通过合适的方式适时实施品牌价值定位。品牌价值定位的时机如下：

（1）公司发展战略调整时。

（2）公司现有品牌定位模糊时。

（3）公司转向新的目标客户群体时。

（4）公司创建新产品和新品牌时。

（5）公司现有产品形象不佳时。

（6）市场竞争需要。

四、品牌价值定位的七大原则

品牌价值定位规划与提炼的七大原则如下：

（1）品牌价值定位与目标客户群体的价值需求相匹配，并能持续满足客户需求。

（2）品牌价值定位要匹配企业现有的资源与核心能力，并能够实现客户价值承诺。

（3）品牌价值定位要有利于企业核心竞争力建设，有利于企业现在和未来的持续发展。

（4）品牌价值要有广阔的包容力与扩张力，具有成长性。

（5）品牌价值要具有高度的差异化和鲜明的个性。

（6）品牌价值要富有感染力和价值吸引力，激发主要利益相关者的共鸣。

（7）品牌价值要有高品牌溢价能力。

五、品牌价值定位方法

品牌定位的基础是市场调研和竞争分析，企业根据详细的细分市场调研，基于客户价值选择与价值创造，制定企业的发展策略，确定目标客户市场，在此基础上基于企业自身的独特资源和能力优势，确定产品战略和品牌战略，进而制定相应的品牌价值定位策略。

品牌所代表的客户价值诉求，包括品牌的功效价值诉求、关系价值诉求和个性价值诉求。在品牌价值定位过程中，企业需要确定清晰的目标消费群、明确的客户消费需求和消费价值。在此基础上，企业再确定品牌的角色，将品牌价值有效地凝练为具有差异性的消费利益诉求和品牌价值元素，这也意味着建立坚定的品牌承诺。

企业需要在企业理念、产品品质、产品功效等层面为企业的利益诉求提供坚强支撑，以持续和有效强化品牌价值定位。需要强调的是，成功的客户利益点必须具有重要的令人信服的事实和数据支持，以建立客户认同和客户信任。对于利益点的选择，一是基于企业独特的资源和核心能力，易于实现不易模仿；二是具有满足细分市场客户需求差异化价值优势；三是有助于建立企业的核心竞争优势；四是避免雷同模仿热销品牌或跟风炒作社会热门词汇；五是要避免随意变化品牌价值定位。企业的品牌定位在一段时期内应具有一致性和时间的连续性，以易于客户的识别，稳固客户的价值认知，巩固品牌定位，积聚品牌价值。

需要注意的是，组织规划商业模式，到品牌定位、品牌价值、品牌精神、品牌形象、品牌传播、品牌营销、品牌体验是个系统过程。品牌定位的专注性、差异性、价值性及在一定时期的一致性，有助于建立清晰的客户品牌认知与消费选择，这与品牌营销策略和品牌沟通手段的多样性与灵活性并行不悖。有力地执行与持续改善，有助于品牌销售额的持续提升，有利于品牌资产的持续增值。

六、品牌价值定位的内容

品牌价值定位，以客户价值为核心，主要围绕品牌功能价值定位、品牌情感价值定位、品牌观念价值定位展开，致力于系统塑造企业的独特品牌价值，发展独特的品牌价值形象。

（一）品牌功能价值建设

品牌功能价值建设以消费者群体的功效价值需求的选择与满足为核心构建，起始于对消费者的功效价值需求的分析与选择，完成于企业对品牌功能价值元素的梳理、提炼与品牌化包装。

品牌功能价值包括产品材质、属性、特质、性能、服务质量等基础功能元素，以及时空便利性、金融服务等附加价值元素。建设品牌功能价值，一是需要深入了解目标客户群体的产品与服务层面的功效需求，基于企业专长塑造品牌的基础功能价值，以及独特功能价值，满足目标客户群体的独特的功效价值体验；二是需要企业的产品和服务具有坚实的产品功能和品质保障，满足消费者对于品牌产品与服务长期一致的品牌功效价值体验；三是品牌功能价值的提炼需要简单、明确和具体，价值内涵丰富，价值基因独特，以有利于与消费者建立深度品牌功能价值沟通，建立和维系与消费者对于品牌的深度功效价值认同。

（二）品牌情感价值建设

品牌情感价值建设以消费者群体的情感价值需求与关系价值需求的选择与满

足为核心构建，起始于对消费者的情感价值需求的分析与选择，完成于企业对品牌情感价值元素的梳理、提炼与品牌化包装。

消费者的情感诉求包括社会价值观相关的情感诉求、生理需求相关的情感诉求、心理需求相关的情感诉求，以及家庭与社会角色相关的情感诉求。

建设品牌的情感价值，一是需要深入分析与理解目标客户的价值观、情感需求、关系需求和群体化的情感价值特征元素；二是提炼和建设富有企业特色的差异化的品牌情感价值，以有效构建消费者的群体情感价值认知、认同和心理契合；三是要建设和维持鲜明有力的品牌个性，树立与众不同的人性化形象，赋予品牌人性魅力和风格；四是采取多种方式加强与消费者以及消费者群体间的情感沟通和互动，创造深度的消费者情感价值体验，培育消费者的情感偏好，以此建立与消费者的紧密的、深度的、长期的情感关系。

（三）品牌观念价值建设

品牌观念价值建设以消费者群体的个性价值需求的选择与满足为核心构建，起始于对消费者的个性价值需求的分析与选择，完成于企业对品牌观念价值元素的梳理、提炼与品牌化包装。

品牌观念价值建设，需要深入了解目标客户群体的个性价值需求，基于企业专长塑造品牌的独特观念价值，满足目标客户群体的独特的个性价值体验。

建设品牌观念价值，一是需要深入了解目标消费者群体的个性价值观需求，以及个性化的思维、行为模式，包括工作、生活、消费理念与消费模式，在此基础上，基于品牌价值定位提炼契合目标消费者个性精神需求的品牌理念基因。二是品牌观念价值的提炼需要价值内涵丰富，价值基因独特，简单、明确和具体，易于构建与满足目标消费者群体的个性化精神认知、认同与精神共鸣。三是品牌观念价值需要设计简明的品牌观念口号与品牌观念形象，易于与消费者传递和沟通。四是需要在实践上长期践行品牌观念价值，持续在与利益相关者和消费者的交流互动中传递品牌观念价值，促使品牌观念价值与消费者个性精神的交互影响与深度契合，推动消费者建立精神认同与精神依附。

七、品牌个性建设

在有效确定品牌定位后，企业需要对品牌实施科学的定性与定型，确定鲜明的品牌个性和品牌外形，构建和凝练鲜明有力的品牌形象。作为企业品牌资产在众多的竞争品牌中脱颖而出的重要手段，企业有必要采取差异化战略，通过长期的努力发展品牌的独特性格、形象和态度，让品牌具有明确的个性，促进客户逐步建立对品牌的有效识别、认可和喜爱，建立品牌忠诚。品牌的拟人化表达也是一种富有特色的常用方式。米其林的轮胎人、七喜的变形人、康泰克的药丸人，都以其鲜明个性和可爱形象而深入人心。

(一) 品牌个性的定义

品牌个性（brand personality）是特定品牌拥有的一系列人性特色，即品牌所呈现出的人格品质。它是品牌识别的重要组成部分，可以使没有生命的产品或服务人性化。品牌个性能带来强大而独特的品牌联想，丰富品牌的内涵，并有利于建立鲜明的品牌识别。

(二) 品牌价值元素分析

品牌的价值元素分析，可以基于消费者的需求和价值取向，从消费者消费理性、感性维度，以及消费者的个性自制、张扬维度去认知、分析和理解，并以此将品牌的个性价值划分六个价值区域：简约型价值区、传统感性价值区、现代感性价值区、价格敏感区、传统理性价值区和现代理性价值区。在这些品牌元素价值区域，通过具体的量化调查和心理分析来挖掘消费者购买行为背后的潜在消费心理和价值需求，消费者关注的品牌元素包含 19 个基本的价值元素：归属感、高尚、激情、自然、古典、安逸、刺激/乐趣、自由自在、团队精神、新潮/酷活力、彼此关爱、简约、志趣相投、服务、创新、科技、质量、明智购物、个人效率。由于客户需求的复杂性，这些价值需求面对具体客户的具体价值需求，呈现出不同的品牌价值排列组合方式。

企业需要关注目标消费群体的个性化价值需求，关注消费群体的代表性个性特征，以此为基础，基于品牌定位，深入理解、发掘和构建品牌价值元素与价值元素组合，确定品牌富有独特品牌价值内涵的品牌个性，建立差异化的品牌个性形象，并进行有效传播。

(三) 品牌个性建设途径

企业的品牌个性建设：第一，需要规划完成清晰的品牌价值定位；第二，需要确认目标客户群体；第三，需要详细了解目标对象的特征、需求、欲望和喜好，通过细致分析确定目标客户群体的个性特征与个性价值理念、价值追求；第四，创建与目标客户群体个性特征相应的品牌个性，建立客户的深度个性认同与群体认同；第五，持续地、一致性地传播企业的个性形象。

第四章 品牌识别

品牌具有虚拟性和实体性的双重特征，具有物化、人化与精神化的诸多元素。品牌识别是消费者对于品牌实体和虚拟形态的系统认知、体验与联想。从消费者视角，品牌识别包含品牌的感觉识别、情感识别和精神识别。品牌识别是一个多点接触、逐步深入、综合作用的结果，是一个系统与长期的过程。从企业视角，品牌识别以消费者价值识别为核心，以品牌定位为基础，对品牌定神、定性、定形、定行，从而通过品牌沟通向消费者传递具有个性化的品牌价值形象。

品牌识别体系建设需要建立品牌独特价值和丰富内涵，需要建立鲜明的个性形象与态度，需要在多层面多角度的系统构建，需要建立长期一致的价值形象表达。好的品牌识别体系，易于消费者直观识别，易于产生品牌联想和品牌认同，易于与消费者产生情感认同和心灵契合。

本章将从品牌识别系统概述开始，系统阐释品牌识别系统的理论，并以笔者建构的品牌识别 3S 模型为基础，从品牌感觉识别、品牌情感识别和品牌精神识别三个方面深入探析品牌识别系统的建构与经营模式。

第一节 3S 品牌识别

一、综述

（一）“品牌识别”的概念

“品牌识别”的概念，由戴维·阿克教授在《创造强势品牌》(Building a Strong Brand) 一书中提出，他指出，“品牌识别是品牌战略者们希望通过创造和保持的、能引起人们对品牌美好印象的联想物”。我国翁向东先生在《本土品牌策略》一书中对品牌识别做了以下定义：品牌识别是指对产品、企业、人、符号等营销传播活动具体如何体现品牌核心价值进行界定，从而形成了区别竞争者的品牌联想。

（二）“品牌识别”的内容

对于品牌识别的认识，戴维·阿克的品牌识别理论影响较大。戴维·阿克指出，品牌识别包括品牌精髓（soul of brand）、品牌核心识别（core identity of brand）和品牌延伸识别（extended identity of brand）三个方面的内容。戴维·阿克还从四个方面解释了品牌识别的12项具体的内容，包括：作为产品的品牌（产品范围、产品特性、质量/价值、使用体验、用户和原产地）、作为组织的品牌（组织特性、区域性或全球性）、作为人的品牌（品牌个性、品牌/消费者关系）、作为符号的品牌（视觉形象/标识和品牌历史）等。戴维·阿克认为，品牌识别是作为品牌的一种本质属性而存在，而不是一种具体的动作行为。品牌识别的确切意思是brand identity而不是brand identification。

（三）"品牌识别"的方法与步骤

品牌识别系统的建设一般包括定义品牌识别（brand identity）、品牌人格化与消费者关系建设（brand personalizing）、品牌化传播（branding）、消费者期望与体验建设（customer prospective）、识别品牌（brand identification）五部分。

1. 定义品牌识别（defining brand identities）

定义品牌识别是实施品牌识别系统的起点。笔者认为，消费者的价值需求一般有三种类型，分别为功能性利益价值需求、情感性利益关系价值需求和观念性个性价值需求。品牌识别有四大层面十二项具体内容，难以面面俱到。企业在定义品牌识别时，需要深入调研消费者的价值需求和消费群体的形象特征，提炼核心价值元素，根据自身的资源与能力，以及与竞争对手的差异化竞争，精确选择品牌定位价值和品牌个性形象，并与目标客户群体的价值需求和形象特征相契合，促进消费者的品牌认知与品牌价值认同。

2. 建立和消费者关系（establishing relationship based on customer value proposition）

关于品牌与消费者的"关系"建设有两种观点。奥格威提出"品牌是消费者和产品之间的关系"，认为品牌是企业和产品与消费者关系的载体；戴维·阿克在《品牌领导》中提出"品牌应该和消费者建立如同人际关系般的联系"，认为品牌是和消费者建立关系的主体。

消费者关系的建立，一是创建和提高品牌的功能价值，满足消费者的功效价值需求，在品牌功能层面发展和维护消费者关系；二是增强品牌情感价值建设，提炼品牌的个性价值形象，密切与消费者的情感联系，促进消费者的群体情感认同与情感归属；三是加强品牌的观念价值建设，促进消费者对于品牌的价值理念认同，以及个性化的品牌风格偏好，促进消费者的品牌忠诚与品牌信仰。

3. 品牌形象传播（communicating the brand image）

在品牌形象传播中，保持品牌形象的独特价值属性以及品牌形象的长期一致性是企业品牌建设的重点和难点。企业品牌传播，需要精准定位目标消费者群体，以客户价值为核心传播内容，以差异化的品牌个性价值形象为传播主体，以目标客户群体主流的信息沟通习惯和客户接触点方式为主要品牌沟通渠道，以系统的整合传播策略确保传播主题的统一性、传播内容的丰富性和传播视角的多维性。同时应注意品牌形象传播在时间上的延续性和核心价值的长期一致性。

4. 消费者体验（customer experience）

消费者的价值体验是品牌形象建设的重点和难点。消费者的品牌价值体验包括购买前的品牌信息沟通、品牌产品的购买体验、品牌产品的使用体验、品牌产品的服务体验等。消费者对于品牌价值和品牌形象的认知和体验是一个过程。品牌所有者需要在消费者与品牌的各个接触点（touch point），在不同阶段向消费者传达关于品牌形象的不同信息，包括品牌的有形信息和无形信息，持续加强消费者对于品牌的质感、情感和灵感认知，促进和提升消费者对于品牌的价值认知和体验。构建消费者品牌价值体验的多维一致性和长期一致性，也是企业改善和提升消费者价值体验、增强品牌形象识别、维系客户美誉和客户忠诚的关键。

5. 识别品牌（brand identification）

识别品牌是品牌所有者在品牌建设各个环节系统塑造和传播品牌的过程；也是消费者在特定时间和空间范围内，在各个品牌接触点持续体验和增强品牌认知的过程；是品牌有形无形信息多维多层次多频率持续沟通的过程，也是人际间的持续沟通和情感交流的过程。识别品牌经过消费者的价值体验和消费体验过程，品牌价值与品牌形象才在消费者心中真正地建立起来。历经时间的沉淀和对于品牌的长期体验，品牌价值与品牌形象才在消费者心中得以巩固，品牌美誉和品牌忠诚才得以建立。

（四）“品牌识别”与品牌形象的关系

探析品牌识别与品牌形象的关系，需要首先研究品牌形象的定义与内容，而后做针对性的对比与分析。

1. 品牌形象（brand image）概述

关于品牌形象的定义和阐释，有如下一些专业观点。

利维从心理学的角度分析品牌形象，认为品牌形象是存在于人们心理的关于品牌的各要素的图像及概念的集合体，主要是品牌知识及人们对品牌的主要态度。利维对品牌形象的定义进行了分析。

罗诺兹和刚特曼从品牌策略的角度提出，“品牌形象是在竞争中的一种产品或服务差异化的含义的联想的集合”，并列举了品牌形象操作的策略性途径：产品认知、情感或印象，信任度、态度、形象个性等。

斯兹提出，品牌应像人一样具有个性形象，这个个性形象不是单独由品牌产品的实质性内容确定的，还应该包括其他一些内容……至此，对品牌形象的认识进入到品牌的个性层次。

帕克等人提出，“品牌形象产生于营销者对品牌管理的理念中，品牌形象是一种品牌管理的方法”。他们认为任何产品或服务在理论上都可以用功能的、符号的或经验的要素来表达形象。

阿克在 1991 年提出，品牌形象可与品牌的资产与负债相联系，并通过符号、名称附加或减除。品牌形象是一个综合性的概念，是营销活动渴望建立的，受品牌形象感知主体主观感受及感知方式、感知前景等影响，而在心理上形成的一个联想性的集合体。企业的品牌形象一般具有独特个性，是一种品牌资产。

2. 品牌识别和品牌形象的关系

关于品牌识别和品牌形象的关系，戴维·阿克在品牌识别定义中指出：“品牌识别引起人们对品牌的美好印象。”阿克对品牌识别的另一个定义指出：“品牌识别是企业战略中希望建立和维持的一个品牌形象。”在定义品牌识别的成功标准时，阿克再次通过品牌形象来作出说明：“管理得好的品牌都有清晰的品牌识别，就是它们在目标消费者心目中被认同的形象。”强调品牌识别与品牌形象具有一定程度的一致性。

不同的品牌管理理论，对于品牌识别与品牌形象的关系，以及品牌识别系统的建设模式有不同的理解。笔者认为，品牌识别的核心是品牌拥有者与消费者的品牌价值与关系沟通，以及消费者对于品牌的价值与关系认知。品牌形象与品牌识别的区别在于，品牌识别更为侧重品牌拥有企业的品牌形象诉求，而品牌形象是消费者对品牌的心理认知和实际的品牌体验；二者的联系在于，品牌识别是品牌形象形成的来源和依据，而品牌形象在某种程度上是执行品牌识别的结果。

二、3S 品牌识别模型

3S 识别模型是以消费者对品牌价值认知、体验与联想为核心内容的品牌识别模型，其核心内容是品牌价值的可识别化。对于企业而言，是将品牌价值元素与相应的品牌识别元素构建关联与组合，建立富有个性的品牌价值形象，并通过客户沟通传递品牌价值形象。对于消费者而言，是通过品牌识别来感觉、认知、体验与联想品牌的价值元素组合，构建与品牌的价值关系。

（一）3S 识别模型的定义与内容

笔者认为，品牌识别是消费者对于品牌价值元素的感知、认知、体验与联想的历程。消费者是在所有与他们相关的品牌接触环节中，包含了对物化元素的识别、对人化元素的识别，以及对精神化元素的识别，并在工作、生活与消费过程中，在对于品牌的认知、体验与联想中建立了对品牌的质感、情感和灵感。

品牌识别 3S 模型的内容包括消费者对于品牌的感觉识别（sense identification）、情感识别（sensibility identification）与精神识别（soul identification）三大

内容。感觉识别主要是消费者对于品牌价值元素与感觉元素的建构与组合产生的感官感觉、认知、体验与联想。情感识别主要是消费者对于品牌价值元素与情感元素建构与组合的情感认知、体验与联想。精神识别主要是消费者对于品牌价值元素与精神元素建构与组合的精神认知、体验与联想。

三大品牌识别相互独立又相互交融，共同作用，在消费者对品牌的多点接触、系统接触、长期接触中形成系统的品牌识别。对于消费者而言，认识品牌，了解品牌，选择品牌，消费品牌，体验品牌，建立品牌知晓、品牌偏好、品牌美誉，直至品牌忠诚，是个长期的价值选择、价值认知与价值体验过程。对于企业而言，品牌建设的重点，也是系统地提高和改善品牌的质感、情感与灵感，建立深度的感觉契合、情感契合与精神契合。

（二）3S 品牌识别体系建设思路

3S 品牌识别体系的建设以客户价值需求为起点，以企业发展战略为基础。一要总结和提炼企业的品牌价值基因与成功要素，继承企业的优秀品牌价值元素；二要审计企业品牌建设的现实问题，研究和借鉴竞争品牌与业界领先企业的品牌建设先进经验，探寻品牌创新与改善的方法；最终明确企业品牌识别体系的建设方向与提升方略。

3S 识别体系的建设以品牌规划与品牌执行并重、务实有效为原则，品牌识别体系建设以品牌价值经营与价值管理为核心。品牌识别建设的七大关键成功要素如下：

（1）品牌价值定位清晰，具有明确的满足目标客户群体价值需求的价值属性。

（2）品牌价值理念寓意丰富，能够有效牵引组织建设和客户认同。

（3）品牌个性突出，能够让消费者产生差异化的品牌联想和品牌偏好。

（4）品牌行为具有独特风格与气质，品位非凡。

（5）品牌形象鲜明，简单直观，易于消费者识别。

（6）品牌传播手段丰富，立体多维，可以与客户建立有效的互动交流和感情沟通。

（7）品牌核心价值属性和个性形象，在一定时空范围内具有创新性与一致性。

（三）3S 识别模型建设的步骤

在品牌识别体系建设的总体步骤上，第一步是实施品牌诊断；第二步是在品牌诊断的基础上构建先进的品牌精神识别体系；第三步是构建契合品牌精神的情感识别体系，同时统筹行为识别；第四步是构建契合品牌精神的感觉识别体系；

第五步是改善品牌管理与落地实施，进一步把企业的品牌精神融入组织行为中和员工的日常工作中，并影响利益相关者与品牌消费者的思维与行为。

（四）3S识别体系的消费者沟通

中国有些企业片面强调代言人营销，将组织的品牌形象等同于电视或报纸等媒体广告，并且企业形象和品牌概念过于追逐社会热点，品牌缺乏内在定位的稳定性和一致性，广告词一年一变，难以持久有效地在客户心目中建立鲜明有力的品牌形象。

品牌识别的消费者沟通是个以消费者价值为核心的品牌价值认知、价值体验与价值联想过程，是品牌价值元素的客户化构建与表达。企业需要基于消费者的价值需求与消费体验模式，选择与构建品牌价值元素组合，以便于消费者认知与理解的方式构建和显性化，构建与传递品牌价值；需要基于消费者的品牌关注主题与关注模式，设置品牌传播的主题与步骤，选择品牌传播的要素组合与营销次序，便于消费者的品牌认知与品牌体验；需要基于消费者的日常媒介选择沟通模式，选择品牌传播主体与传播沟通模式，以便于消费者品牌认知与互动交流。

品牌识别沟通不是简单的单个支点营销、单一内容营销，而是包含了品牌相关的物与人、精神与行为、组织内外部元素在内的系统沟通；包含了品牌精神识别、品牌情感识别、品牌感觉识别在内的系统沟通。品牌识别沟通需要系统规划，协同建设，整合营销，通过长期的品牌一致性营销、一致性品牌价值体验，在消费者心目中建立对于品牌的一致性价值认同、体验与联想，产生深度的、长期的品牌价值关系。

在企业实践中，实施成功的品牌识别沟通，需要关注下列十大要点：

（1）建立独特的品牌价值定位。

（2）品牌形象建设需要由内到外，有神、有形、有性、有行，建立富有价值内涵的品牌个性形象。

（3）以客户价值为核心持续创新产品，持续创造与提升品牌的价值形象，传播品牌价值。

（4）以品牌价值管理与价值经营为核心，有效发掘内外部相关的品牌形象元素和品牌价值元素，增强价值传播的效度。

（5）一个名字，一个标识，一个价值，一个形象，一句宣传语。

（6）品牌传播的内容和形式多样化设计，具有简单到复杂的多版本，以适应多媒介传播。

（7）333原则：达到3秒钟可识别，3秒钟可认知，3分钟可理解的效果。

（8）长期一致，重复宣传，言行一致，建立客户知晓、认同和信任。

（9）以平面、网络、终端、活动、移动端为品牌传播载体，发展多接触点、多内容形式传播。

（10）品牌形象表现形式与品牌传播手段与时代同步，保持品牌活力。

（五）品牌识别的持续性改善

企业的品牌定位、个性以及品牌识别建设是有阶段性的，是一个持续成长与改善的历程。企业识别并不是一成不变的东西；相反，随着环境的变迁、社会价值观的改变，企业必须通过企业再定位，调整经营理念来塑造新的品牌形象。随着企业的市场范围拓展、产品线拓展，以及业务发展的变化，企业的品牌名称，以及品牌定位、品牌内涵、品牌形象可能不足以支持企业的进一步发展战略，这时候企业需要勇于突破原有的发展障碍，进行持续的品牌重塑，实现品牌重新定位，促进品牌形象的持续改善和提升，以实现品牌价值的持续成长。

中国著名家电企业海尔在发展历程中，从最初的合资企业品牌名称琴岛·利勃海尔，到中文的利勃海尔，到海尔，到目前使用的英文名称 Haier，也是一步步走向简单、清晰、易于识别，易于促进海尔品牌的国际化发展和品牌延伸。

IT 厂商联想为了跨越其国际化发展进程中的商标壁垒，将原有的英文 LEGEND 商标统一变更为 Lenovo，开展了品牌名称与标识重塑行动，并实施了广泛的海外传播，也是一次成功的品牌改善。

需要指出的是，变与不变要有一定的均衡。企业的产品和服务要有长期的稳定性，以保持长期稳定的客户价值定位，企业的核心品牌定位和品牌个性形象要有一定的稳定性以保持稳定的客户认知，在此基础上的品牌重塑才是稳健和有效的。品牌形象在某种程度上更像人的品性涵养、气质风度，是在长期成长历程中蕴养出来的，并获得广泛认可和承认的。品牌不是衣服，可以随意换来换去。大的品牌重塑，需要很大的营销成本来重新建立客户认知，并容易导致客户的认知紊乱。品牌重塑，需要慎之又慎，一般在企业战略发生重大转移，以及产品线和客户群体发生较大变化时才会实施。

大型企业集团以及其他多品牌发展的企业，由于品牌众多，标识体系复杂，尤需重视系统规划品牌架构管理问题与品牌识别问题。在品牌识别方略上，为了有效建构统一有序的品牌识别体系，可以思考构建共同的品牌识别元素，包括精神层面同品牌精神，情感层面共品牌个性、情绪与风格，功能层面共材质、工艺、功能、品质，形象层面同颜色识别、同外观识别符号、同字或字母等。持续规划与执行可有助于客户建立一致性品牌认知，降低营销成本，形成长期品牌偏好与忠诚。

苹果公司的产品品牌建设就规划了共同的品牌识别元素，包含了代表互联网（internet 首字符）的共同字母 i：iMac、iPod、iPhone、iPad × × ×。统一的品牌识别元素有利于消费者形成快速而深刻的对品牌体系产品的统一识别与认知，并且相比非统一品牌识别，可以有效降低品牌营销成本。

第二节 品牌感觉识别

一、品牌感觉识别的定义

品牌感觉识别（brand sense identification）是消费者对以物为核心的品牌元素的感官认知、体验与联想。感觉识别在识别内容上包括了消费者对于品牌的符号元素、产品元素、包装元素、经营环境元素、使用环境元素等物理、化学、生物等物质载体与物化特征的感官认知、感受与联想；在识别模式上包含了消费者对于品牌的视觉识别、听觉识别、触觉识别、嗅觉识别、味觉识别等感官元素识别，也可称为感觉识别的五识模型。

品牌感觉识别是对于视觉识别的发展与进化。传统 CI 识别理论对于品牌的感觉认知以视觉识别（VI）为主，但整体而言，人的感官包括视觉、听觉、触觉、味觉、嗅觉。品牌感觉识别，应该包括人的所有感官对于品牌元素的整体感受与系统体验。

消费者在各个品牌接触点，综合运用各种感官感知品牌价值元素，生成由点到面，由浅到深，由简单到复杂，由局部到整体，形成系统的品牌认知与体验、联想，就构成了品牌的感觉识别。构建品牌感觉识别，也需要从品牌视觉识别、听觉识别、触觉识别、味觉识别和嗅觉识别等各个层面实施系统规划与设计。

二、品牌感觉识别的内容

品牌感觉识别的内容或物质载体，包括品牌符号元素、品牌产品元素、品牌经营环境元素和品牌消费环境元素四大层面，共同构建消费者的系统感官认知、感受与联想。其内容如下。

（一）品牌符号元素

品牌符号（brand symbol）元素包括符号化的品牌名称、商标、基本色、口号、象征物、代言人等。

企业的商标是受法律保护的品牌标志、品牌角色或者品牌各要素的组合。商标使用时要用“R”或“T”标识，“R”指注册中的商标，“T”指已注册商标。

品牌口号是企业理念或广告语的概括与口号化表达，是企业根据自身的品牌精神、品牌价值、品牌形象特色或产品与服务特色等而提炼出来的一种简洁、有价值内涵、响亮的文字宣传语。

品牌符号是一个有机的整体，也是消费者区别不同企业间，以及企业不同产品或服务的基本手段。

（二）品牌产品元素

品牌产品元素包括产品的形式、功能、款式、质地、重量、颜色、声音、体积、价格、包装、功效等产品特有的物质与应用元素。

（三）品牌经营环境元素

品牌经营环境元素包含与品牌经营相关的原材料环境、供应商环境、研发环境、生产环境、渠道通路环境、物流环境、终端消费环境、促销环境、品牌沟通方式、员工形象、利益相关者形象等。

（四）品牌消费环境元素

品牌消费环境元素包括品牌消费者群体、品牌消费者消费体验、品牌应用环境、品牌在非经营环境中的应用等。

品牌附加元素包含品牌相关的产地、历史与文化因素、商业合作伙伴等利益相关者，品牌消费者等与品牌相关联的，有利于促进消费者品牌认识与品牌联系、提升品牌价值的管理元素。

品牌感觉识别在一定程度上也是消费者对于品牌的感官认知、体验与联想历程的总和。唐代的高僧玄奘法师创立的唯识宗，建立了以眼、耳、鼻、舌、身、意、阿那耶、莫那什为核心的理论体系，其中也强调了五官对于民众感知世界的重要性。感动五官、愉悦五官、建立五官对于品牌外在和内在重要元素的喜爱和习惯偏好、情感联系与精神依赖，在过去、现在乃至将来将依然是重要的品牌营销模式。

三、感觉识别的构建方式

品牌感觉识别的核心是构建独具特色的品牌外在的物化形象，消费者建立和维系品牌价值认知、记忆与品牌联想。

感觉价值识别以消费者群体的价值需求为基础，以消费者感官需求为主导，以功效价值需求的选择与满足为重心构建，起始于对消费者的价值需求的分析与选择，完成于企业对品牌感觉价值元素的梳理、提炼、组合，以及品牌化包装与经营。

品牌感觉识别的有效构建，一是需要深入分析与理解目标消费者群体的感官需求，以及感知模式。以此为基础，结合品牌的物化特征和价值基因选择关键品牌感觉识别元素。二是需要选择、提炼和建设富有企业特色的差异化的品牌感觉元素组合，以有效匹配消费者的价值需求，有效构建消费者的群体感觉认知、认同和联想。三是要建设和维持富含品牌价值元素的品牌个性，树立与众不同的人性化形象，赋予品牌人性魅力和风格。四是采取多种方式加强与消费者以及消费者群体间的沟通和互动，创造深度的消费者感觉认知与感觉体验，培育消费者的感觉偏好，以此建立与消费者的紧密的、深度的、长期的品牌关系。

笔者认为，感觉识别体系的构建是以消费者感官识别的发展为导向，超越现有视觉识别模式而全面、系统构建与经营。品牌感觉识别的内容应包括品牌命名、品牌视觉识别体系的构建、品牌听觉识别体系的构建、品牌触觉识别体系的构建、品牌味觉识别体系的构建和品牌嗅觉识别体系的构建。企业需要根据品牌价值定位，细致甄选品牌感觉价值元素，系统规划品牌感觉识别要素组合，建立差异化的品牌感觉识别模式；企业可以建构单一品牌感觉识别模式，也可建立组合化的品牌感觉识别模式，或者综合运营多种品牌价值识别模式；企业需要综合运营多种媒介手段与消费者沟通，建立与深化消费者对于品牌的认知、认同与联想。

四、品牌名称识别

（一）品牌名称的定义

品牌名称是品牌中可以读出的部分——词语、字母、数字或词组等的组合，如海尔、华为、TCL、方正、格兰仕、联想等。

（二）品牌命名的成功要素

在品牌命名方面，组织需要审视自己的品牌到底因何而重要、别致和有趣？是什么让你在市场上与众不同？富于内涵，个性突出，形象鲜明，易于识别、记忆与联想是品牌命名的核心要素。

在品牌意义和内涵方面，内涵丰富、仁厚诚信、吉祥喜庆、大气沉稳、科技时尚、古朴典雅都是重要的品牌命名方式，也易于大众识别，并产生品牌联想。在品牌名称结构上，品牌命名长度一般不超过三个汉字，英文长度一般不超过八个字母。在品牌名称发音上，好的名字呈现降调的风格，发出的音调抑扬顿挫，洪亮清晰，有气魄、有气势，且发音在结构上相互对称，易读、易说、易记。

在品牌颜色和表现形式上，绿色适合生命与环保产业等；蓝色精致高远，适合科技行业等；红色热情奔放，适合快消品、服装、时尚行业等；黄色沉稳有力，适合工程、机械等行业；紫色高贵深邃，适合化妆品、奢侈品等行业等。

（三）品牌命名的十大方法

1. 地域命名法

地域命名法是将企业或产品名称与地名关联，便于消费者将地名的高认知度和认同转化为品牌认知和信任。青岛啤酒、燕京啤酒、西湖龙井、云烟、茅台酒都是以地名命名的产品。具有较高地名认知度和较强品牌价值相关的资源属性的产品适合此类命名方法，有助于借助地域资源和历史影响力积淀，促进消费者对品牌的认同，如“蒙牛”品牌有助于消费者建立源自健康奶源产地的品牌联想，“宁夏红”酒品牌有助于突出纯正宁夏特产枸杞的资源优势；但须避免大量的同质化命名方式，忽略品牌品质，做烂原产地的资源优势。云南白药的品牌命名易于消费者联想到云南地域特产白药的止血功效，也是出众的品牌命名。

2. 人名命名法

人名命名法是将名人、明星或企业创立者的名字作为产品品牌，名人效应以及名人在社会公众中的价值形象，有利于企业创建独占性品牌名称提高客户认知率，促进消费者信赖和认同企业和产品品牌。人名命名法还有以自身信誉为品牌担保的潜在意味，有利于建立客户信任。“李宁”品牌在创业初期依托李宁世界冠军、体操王子的公众形象和社会影响力创立，并将世界冠军专业水准的价值形象植入“李宁”运动鞋服品牌中，对“李宁”品牌的早期发展起到了巨大作用。中国的“王致和腐乳”“张小泉剪刀”等都是代表。在国外人名命名公司更为普遍，如“福特汽车”，“惠普”“戴尔”电脑，“松下电器”，“本田汽车”等。

3. 价值命名法

价值命名法此处主要指直接借用或者提炼具有深厚价值理念的词汇为品牌命名。通过品牌名称传播企业的价值理念。北京“同仁堂”，突出了“同修仁德，济世养生”的中医药文化。武汉“健民”品牌突出了为民众健康服务的企业追求。湖南“远大”企业，突出了企业志存高远的价值追求。

兴业银行的名称兴业，源于晋·杨泉《物理论》：“傅子曰：‘诸葛亮诚一时之异人也，治国有分，御军有法，积功兴业，事得其机。’”寓意建立功业，实现抱负，体现了兴盛事业的价值追求。

清华同方名称中的“同方”一词，源于清华建校时的同方馆，取意《儒行》中“儒有合志同方，营道同术。并立则乐，相下不厌。久不相见，闻流言不信。其行本方立义，同而进，不同而退。其交友有如此者。”寓意志同道合。

北大方正名称中的“方正”一词源于《史记》。《史记·平准书》：“当是之时，招尊方正贤良文学之士，或至公卿大夫。”“方正”一词的释义出现在《汉书·晁错传》：“察身而不敢诬，奉法令不容私，尽心力不敢矜，遭患难不避死，见贤不居其上，受禄不过其量，不以亡能居尊显之位。自行若此，可谓方正之士矣。”

值得指出的是，企业也可以直接借用、挪用、占用已有传播影响力和价值的词汇为品牌命名。这种商业品牌命名方法的最大优势是：如果品牌名称与所开发的产品具有相似的价值属性或品牌联想，在开拓市场时，相关词汇的高知晓度有利于企业迅速扩大产品知晓度，并占领相关品类的价值定位。在市场运作环节也有利于企业节省大量广告费用、降低品牌推广成本。江苏卫视借鉴冯小刚的热映电影“非诚勿扰”，创立了相同相亲主题的同品牌名称栏目，很快扩大了品牌知晓度，收视率颇高。

4. 功效命名法

功效命名法是指以产品功效作为品牌命名，使消费者通过识别产品名称产生品牌功效联想，促进品牌名称的认知及价值认知和认同，并有助于确立产品的细分品类的价值定位优势。“康齿灵”牙膏、“六必治”牙膏、“冷酸灵”牙膏等牙膏通过强调牙膏的差异化功效进行品牌命名。“飘柔”洗发水英文名称(Rejoice)原意为欢呼，中文译名翻译为“飘柔”，突出飘逸柔顺秀发的产品功效。同仁堂的“安宫牛黄丸”也是此类产品命名方法，并突出了主要的产品原料。

5. 形象命名法

形象命名法就是用动物、植物和自然景观等来为品牌命名，有利于消费者建立与之相关的品牌形象与品牌内涵联想，促进产品认知。“七匹狼”服装与狼的形象的结合，给消费者以自由、独立、狂野的品牌联想；“圣象”地板，给人产生大象都难以踏坏的地板形象；“美洲豹”汽车，给人迅速、有力、灵活的大型猫科动物的品牌形象。

6. 目标命名法

目标命名法就是将品牌与目标消费者市场联系起来，促使目标客户群体产生品牌认知和品牌认同感。“太太口服液”是太太药业（现健康元公司）生产的女性补血口服液，品牌易于消费者联想到已婚妇女的专业营养补品；“好孩子”童车突出了面向儿童市场的命名方式。东风汽车“猛士”汽车品牌，突出了军车市场定位和军品品质。

7. 时空命名法

时空命名法就是利用时间空间价值，将与产品相关的地域资源和历史资源作为品牌命名的要素，使消费者建立深度品牌认知和品牌价值认同。泸州老窖的“国窖 1573”充分利用国宝级窖池的独占资源，以及数百年历史的价值底蕴，堪称命名经典。引用古代文章诗词的时空价值也是有效的品牌命名手段，有利于客户认知和有效传播，有助于打造具有历史感的品牌品位。山西杏花村汾酒的名称，源自杜牧脍炙人口、流传千年的古诗，“借问酒家何处有，牧童遥指杏花村。”对于突出酒的千年历史以及有效传播，都起到了无可估量的作用。曹操在短歌行中的名句“慨当以慷，忧思难忘，何以解忧，唯有杜康。”对于洛阳杜康酒的发展也是功不可没。国外化妆品品牌在中国的名称“露华浓”，其名称源自唐代李白赞杨贵妃的诗，“云想衣裳花想容，春风拂槛露华浓。”为突显产品品质和品位，以及有效传播奠定了坚实的基础。

8. 中外命名法

中外命名法就是单独运用中文或英文字母，或两者结合来为品牌命名的方法。英文品牌命名简单直观、便于识别，并有利于企业的国际化发展，海尔（Haier）、联想（Lenovo）等大型企业在国际化发展中已经使用了这种品牌命名方式。“TCL”的品牌命名是单独用英文 The China Lion（中国雄狮）缩写“TCL”；“雅戈尔”品牌命名是用英文“Younger”（青年）音译作为品牌；“海信”的英文“Hisense”，在外国人眼中是“High Sense”，即“高灵敏、高清晰”的意思，易于消费者建立良好的品牌联想。

国外品牌在建立中文译名时，巧用中文的音义与字义，也有很多塑造品牌形象的佳作。如奔腾（Pentium）、潘婷（Panten）洗发液、舒肤佳（Safeguard）、苹果（Apple）电脑、家乐福（Carrefour）超市。也有企业采取了音译和意译相结合的品牌命名方式。德国 BMW 汽车公司的中文译名宝马借助了中国古代宝马良驹的含义，契合了驾驶者之车的品牌定位，是品牌命名的经典之作。可口可乐（Coca-Cola）的中文译名可口可乐朗朗上口，吉祥喜庆，易于传播；百事可乐（Pepsi）的中文译名也相当吉祥喜庆。可伶可俐（Clean & Clear）的中文译名也乖巧可爱，易于记忆和传播。

日本丰田在全球化发展中，近年的全球化品牌命名策略是统一采用地域市场音译的品牌命名方法。例如将 Camary 品牌命名，从原来的佳美统一翻译为凯美瑞，将 Parado 品牌命名从霸道统一翻译为普拉多，将 Luxus 豪华车品牌由凌志统一翻译为雷克萨斯。

9. 数字命名法

数字命名法就是用数字来为品牌命名，增强品牌的差异化识别效果，并易于消费者产生与数字相关的品牌联想。“三九药业”的品牌含义是：健康长久、事业恒久、友谊永久。“7-11”是世界最大的便利店连锁经营企业，在北美和亚洲地区有 2.1 万家便利店，该公司用“7-11”为企业命名的意思，则是用自己从 1946 年推出的深受消费者欢迎的早 7 点到晚 11 点开店的服务特色命名的，目前已成为世界著名品牌。还有“三星电子”“三一重工”等。

10. 企业名称命名法

企业名称命名法是指将企业名称作为产品品牌名称，其优点是有利于强势的主品牌为子品牌背书，扩大子品牌的消费者认知和认同，增强市场销售，缺点是不利于发展差异化品牌。菲利浦电器、索尼电器、三洋电器、宝马汽车、IBM、3M、海尔、海信、春兰、美的、万宝路、荣事达等都采用以公司名为产品品牌命名的方法。国外有些著名品牌采用了全称缩写的形式，像 IBM、3M、NEC，采用的是字首字母缩略语的形式。

五、品牌视觉识别

品牌视觉识别是品牌感觉识别的重要内容。视觉识别在 CI 系统中由于其可视化特征而最具有传播力和感染力，最容易被社会大众所认知与理解，具有重要的地位。有效的视觉识别设计与管理对于企业构建有效的品牌识别，传播品牌价值和品牌个性形象具有重要作用。

（一）品牌视觉识别的定义

品牌视觉识别是以视觉感官识别元素为主体，以企业标志、标准字体、标准色彩等为核心展开的体系化视觉传达体系。品牌视觉识别将企业的理念、文化特质、产品与服务、企业规范、人员、物质等元素通过视觉与语意抽象转换为特定符号概念，通过视觉化元素向消费者构建和传达品牌以物质、人员、精神为核心的品牌形象，以及品牌以功能价值、情感价值、观念价值为核心的品牌价值。

品牌视觉识别设计通过视觉符号的设计统一化将企业标志的基本要素、应用要素，以规范的方式与系统管理有效地展开，形成企业统一、规范的视觉形象体系。品牌视觉识别设计从视觉表现上表现品牌感觉识别元素，展现品牌的感觉价值与功效体验价值；表现品牌情感识别元素，展现品牌的情感价值与关系价值；表现品牌的精神识别元素，展现品牌价值与个性价值。消费者在品牌认知与体验中，应用最多的是视觉感知，品牌视觉识别在这个意义上也是企业规划和展现独特、系统的品牌识别与品牌感知，创造独特的品牌联想，建立品牌价值形象的最为有力的武器。

（二）品牌视觉识别的内容

品牌视觉识别系统分为基本要素系统和应用要素系统两方面。VI 设计各视觉要素的组合系统是因企业的规模、产品内容而有不同的组合形式，通常最基本的是企业名称的标准字与标志等要素组成一组一组的单元，以配合各种不同的应用项目，各种视觉设计要素在各应用项目上的组合关系一经确定，就应严格地固定下来，以期达到通过统一性、系统化来加强视觉祈求力的作用。

1. 品牌视觉识别基本要素系统设计

品牌视觉识别设计的基本要素系统严格规定了标志图形标识、中英文字体形、标准色彩、企业象征图案及其组合形式，从根本上规范了企业的视觉基本要素。VI 基本要素系统是企业形象的核心部分，其内容包括：企业名称、企业标志、企业标准字、标准色彩、象征图案、组合应用和企业标语口号、企业吉祥物等。

2. 品牌视觉识别应用要素系统设计

品牌应用要素系统设计即是对基本要素系统在各种媒介物上面的应用所做出

具体而明确的规定。品牌 VI 各视觉设计要素的组合系统因企业规模、产品内容而有不同的组合形式。最基本的方式是将企业名称的标准字与标志等组成不同的单元，以配合各种不同的应用项目，以期达到通过同一性、系统化来加强视觉祈求力的作用。

品牌 VI 应用要素系统的内容包括：办公事务用品、企业外部建筑环境、企业内部建筑环境、交通工具、服装服饰、广告媒体、产品包装、赠送礼品、陈列展示、印刷出版物等。

（三）品牌视觉识别设计原则

在企业 VI 建设实践中，VI 设计不是孤立进行的以美感和视觉冲击力为主导的艺术设计，而是更为重视与企业核心价值理念的匹配，与品牌核心价值和个性形象的匹配，与目标消费群体个性特征的匹配。企业 VI 建设中，有 10 条原则需要重点关注。

（1）与企业的发展战略相适应。

（2）与品牌定位和品牌核心价值相匹配。

（3）与企业的个性形象相匹配。

（4）与目标客户群体的主要特征相匹配。

（5）符合行业特征和产品与服务的特征。

（6）视觉识别的表现形式美丽大方、简单直观、个性鲜明，易于识别和记忆。

（7）寓意深刻，内涵丰富，易于产生品牌价值相关的联想。

（8）尊重和适应地域文化和风俗。

（9）统一管理和一致性使用。

（10）具有独特性，易于国际化。

（四）品牌视觉识别设计流程

1. 项目准备阶段

主要任务：一是成立 VI 设计小组，VI 设计小组由企业相关负责人，品牌管理者，品牌专家，设计师、律师等专业人士组成。二是调研企业相关资讯和负责人意见，深入调研和理解企业的经营战略和发展理念及品牌信息。

2. 设计开发阶段

确定企业 VI 设计的基本理念和思路形式，与企业沟通认可后，VI 设计小组进入 VI 具体设计阶段。

3. 反馈修正阶段

将企业的 VI 设计方案在企业内细致沟通和在小范围利益相关者中调研，收集反馈信息，确定进一步的 VI 调整方案。

4. 修正并定型阶段

重复上述流程，直至获得客户认可，定型 VI 设计方案，并实施企业整体 VI 体系设计。

5. 建立企业 VI 管理制度

构建与完善企业 VI 管理的组织职能，建立企业 VI 管理制度，编制 VI 管理手册，完善 VI 管理流程。

（五）公司标志设计

公司标志（logo）是品牌识别中最重要的品牌象征与识别符号，是品牌识别系统的核心与基础。品牌标志是通过简练的造型、生动的形象来传达出企业的理念、产品特性等信息。

标志设计一要寓意丰富，可以充分展现企业的价值元素，易于产生品牌联想；二要有较强的视觉张力和美学元素，符合消费者审美体验；三要有独特的个性风格，展现品牌的个性化形象；四是要易于营销和展示应用，充分适应标志在各种媒体、各种材料及各种用品的品牌营销物料制作、展现与日常维护。公司标志的内容与表现形式可分为三个方面：

（1）图形表现，包括再现图形、象征图形、几何图形。

（2）文字表现，包括中外文字和阿拉伯数字的组合。

（3）综合表现，包括图形与文字的结合应用。

品牌标志要以统一规范的标准原型在品牌识别体系中应用。在品牌标志设计过程中，必须绘制出标准的比例图，以准确表达标志的轮廓、线条、距离等精密的数值。标志制图可采用方格标示法、比例标示法，多圆弧角度标示，以便于标志在放大或缩小时能精确地描绘和准确复制，便于品牌标志在多种品牌传播载体上广泛应用。

六、品牌触觉识别

消费者的品牌识别与品牌体验、品牌联想，从视觉识别开始，从触觉识别加深，从感觉识别浓厚，从精神识别稳固。

（一）品牌触觉识别的定义

品牌触觉识别是指消费者的触觉对于品牌的物质元素的感官认知、体验和联想。

从消费者行为学来分析，客户的消费模式从感官角度，是从视觉识别开始，从触觉接触加深认识，建立对于品牌物质元素相关的材质、功效的感官体验，建立对品牌元素更深刻的感性认知，并生成品牌的品质、性能相关的功效联想，建立品牌信任，进而促进实现品牌产品的交易。

（二）品牌触觉识别的内容

品牌触觉识别构建的重心，是在消费者对产品触觉接触的各个接触点构建出色的触觉元素，强化客户的触觉认知和体验、联想。其内容包括以下几项：

（1）产品元素，包括产品外观、材质、质量、产品使用界面、包装。

（2）终端元素，包括终端环境、展示陈列环境、客户服务环境。

（3）促销品元素，包括样品、促销品、海报、宣传单等。

（4）人员元素，包括促销活动、人员促销模式、员工服务模式。

（三）品牌触觉识别的构建模式

面对品牌营销的同质化竞争，构建品牌触觉识别，抢占品牌触觉识别定位，创新品牌触觉营销，培养用户的品牌触觉使用习惯与偏好，也是企业创建差异化品牌触觉识别模式，赢得市场先机的重要方法与手段。

1. 产品触觉识别

产品触觉的构建，一是系统实施工业设计，设计样式美观、大小合适、材质优越、触觉良好，便于消费者对产品产生品质高、档次高的品牌联想；二是产品的外观具有统一的识别符号，质量和材质、关键零部件具有统一性，便于消费者建立统一的品牌识别，降低企业的品牌营销成本。

2. 产品应用触觉识别

产品应用触觉识别的构建，一是优化产品的应用界面，界面友好，便于消费者了解、掌握和使用；二是优化产品使用模式，操作简便，便于消费者培养使用习惯，产生使用偏好；三是建立具有一致性的产品应用模式，便于消费者统一识别和使用产品，建立使用习惯，也易于培养用户的品牌偏好与品牌忠诚。

3. 人员触觉识别

人员接触识别，一是促进消费者对品牌活动的参与和体验，构建消费者对品牌服务人员的良好接触体验；二是培训员工富有特色的客户营销与服务规范、服务礼仪，规范营销与服务的品质与流程，构建消费者对品牌营销与服务接触的服务舒适感、价值满足感与情感依赖感。

4. 终端环境触觉识别

终端环境的触觉，一是建立与品牌定位相匹配的终端环境的档次、材质与风格识别；二是建立便于客户接触和体验产品的商品展示和陈列方式、陈列品材质识别；三是建立人性化的客户服务环境，包括客户服务用品的档次与材质，以便于客户建立良好的品牌认知和品牌感受，建立舒适的接触体验，产生品牌高价值联想。

5. 非接触触觉识别

非接触触觉识别可以逆向思维建立品牌触觉识别。信息技术与电子支付技术的发展，为消费者通过非接触方式享受和体验品牌服务提供了基础，也成为反向接触识别的构建方式。选择和构建富有特色的非接触识别元素与技术，也有助于企业构建独特的品牌识别。电子商务的发展与在线服务，避免了现场服务缴费，从而获得迅猛发展；RFID 技术的发展，使消费者的产品检索、产品检测、在线付款、离线支付成为可能，也是未来企业构建品牌识别、赢得竞争优势的重要方向。

七、品牌听觉识别

在相当长的历史时期，无线广播曾经占据大众媒体的主要位置，来自无线广播的声音讯息成为消费者接触品牌、识别品牌的重要模式。源于声音元素的品牌识别在各种传播媒介载体上依旧占据重要位置。

面对品牌营销日趋成熟、日趋丰富但又日趋同质化的竞争模式，品牌设计与营销的难点与重点在于建立差异化的品牌价值识别，这也深深困扰着诸多品牌经营者。在感觉识别的五种感知模式中，听觉识别由于其人性化特征和个体声音的独特性，易于产生具有独占性的差异化识别。精心选择和建构品牌听觉识别，相对容易建立具有独占性的听觉识别，创造差异化的品牌识别。

（一）品牌听觉识别的定义

品牌听觉识别是指消费者的听觉对于品牌相关的声音元素的感官认知、体验和联想。声音识别或者单独作用，或者和视觉识别、触觉识别等其他识别方式互相组合，共同作用，赋予品牌识别更多的人性化内涵与人际情感认知、认同与联想。

品牌听觉识别的重要特征在于听觉识别是以人声识别与人际沟通为主要识别元素的，构建品牌听觉识别，品牌价值与声音元素的有效结合，富有人性化特征与个性化特色，互动化的声音交流模式，易于构建品牌与消费者的感性认知与情感联系，促进品牌偏好与忠诚。

（二）品牌听觉识别的内容

品牌听觉识别的元素是声音，理解品牌听觉识别，从认知声音、感悟和理解声音元素开始，然后了解品牌听觉价值元素，把握品牌听觉识别的传播模式与沟通媒介，完成对于品牌听觉识别的整体认知。

1. 声音元素的内容

声音是由物体振动产生，正在发声的物体叫声源。声音以声波的形式传播，声音只是声波通过固体或液体、气体传播形成的运动。声波振动内耳的听小骨，并被转化为微小的电子脑波，被人脑识别，就是我们感知到的声音。

声音的三个主要特征是音调、响度和音色，大众主要根据它们来区分声音。响度（loudness）是人主观感觉的声音的大小（俗称音量），由“振幅”（amplitude）决定，振幅越大，响度越大（单位：分贝/dB）。音调（pitch）是声音的高低（高音、低音），由“频率”（frequency）决定，频率越高，音调越高。音色（music quality）是声音的特性，由发声物体本身材料、结构决定，又称音品。

听觉识别的重要内容是消费者对于声音元素的主观识别，建立符合消费者审美体验的声音认知、体验与联想。让人愉悦的声音称为乐音或音乐；让人不舒适，甚至对听觉和身心健康有损害的声音称为噪音。好的声音，包括了与作品内容相关的曲谱与词谱，与人或乐器相关的音色、音质与音调，与节奏相关的韵律，与风格相关的曲风气质与格调。

2. 品牌听觉识别的内容

对企业而言，品牌听觉识别是听觉元素与品牌价值元素相结合的听觉元素组合，其主要包括下列内容：

（1）公司元素，包括公司特有的与文化、品质、工艺、原料等相关的听觉元素与听觉元素联想。

（2）环境元素，包括原材料的生长环境，生产和加工食品物品的生产环境元素。

（3）产品元素，包括产品材质、外观、体量、包装听觉元素等。

（4）消费终端元素，包括产品味道体验的终端环境、产品展示陈列环境、消费方式。

（5）广告元素，包括广告形象与广告词、广告歌曲所展现的味道元素。

（6）促销品元素，包括产品样品、促销品、海报、宣传单等。

（7）人员元素，促销体验活动、人员促销模式、员工服务模式。

3. 品牌听觉识别的传播与沟通模式

品牌听觉识别的传播媒介包括无线广播，有线广播，电视广播，互联网，手机，样品、产品消费体验，促销装产品，试吃试尝活动，原料接触，原材料生长环境参观，加工环节体验等。

（三）品牌听觉识别的构建思路

品牌听觉识别建设思路，一是开展品牌评审与调研，深入调研与分析市场态势，分析目标消费者的价值需求，分析市场竞争者因素；二是深入研究和分析企业自身资源与品牌优秀元素，分析企业品牌建设的问题；三是研究包括行业先进企业在内的优秀企业的品牌听觉识别建设经验；四是明确企业的战略发展方向，明确企业的品牌建设方向，在此基础上，结合企业品牌战略与品牌识别战略的总体规划，构建企业的品牌听觉识别体系。

1. 构建品牌听觉识别的价值定位

构建品牌听觉识别，一是需要深入研究消费群体的价值需求与消费模式；二是需要深入研究与分析企业的内外部资源与能力特点；三是需要基于企业核心竞争力建设来构建；四是需要基于市场竞争分析和差异化来构建。在此基础上，抢占品牌听觉识别的价值定位，构建具有企业特色优势、富有价值内涵与个性形象的品牌听觉识别体系。

品牌听觉识别始于消费者耳朵的个性化识别，是带着感觉偏好和情感偏好的识别。因此，更需要创新品牌听觉识别模式，实施差异化的听觉识别沟通，增强培养用户的听觉价值认知与体验，培养用户的消费习惯，建立听觉偏好与情感忠诚，以此建立与竞争品牌的品牌差异化竞争，赢得市场先机。

2. 选择与构建富有价值与审美的听觉元素

构建品牌听觉识别的重要内容，就是选择和组合适应品牌价值基因、符合消费者审美的声音元素，并将好的声音元素与品牌价值元素有效整合，形成出色的听觉体验。消费者对于品牌听觉识别元素的价值认知与审美体验，是品牌听觉识别的重要内容。

品牌听觉识别元素选择与构建中需要关注与匹配的品牌价值构建包括品牌功能价值元素、品牌情感价值元素和品牌观念价值元素，需要深入调研、分析与甄选。

品牌听觉识别元素选择与构建中需要关注的美学因素包括声音元素自身的美感、声音元素的价值感与价值联想、声音元素与品牌价值元素关联的逻辑美感、声音表达形式的美感，以及品牌联想的美感。

好的品牌听觉识别的声音元素，其重要特征是在表达品牌价值的同时，为消费者带来独特的美学价值认知与审美价值体验。好的声音元素，包括内涵丰富的声音内容，独特的歌曲，独特的优美乐曲、曲调，独特的源于自然声音或人类的语音与语调等。在成品层面，包括独特的诗歌、广告歌曲，或优美的品牌广告词的人声、动物声音或物质声音等。其内容与表现形式需要有助于展现和强化品牌的独特价值与个性形象，有助于展现品牌的独特风格与气质，有助于加强品牌价值认识与体验，有助于强化品牌的情感关系，有助于产品品牌的联想。

卡梅隆导演的电影作品《泰坦尼克号》票房收入高达5亿美元，从品牌建设与营销角度来看，大牌导演、传奇故事与出色编剧、影星精湛演技、大投入制作、精美摄影都是品牌成功的关键元素，而那首《我心永恒》(My heart will go on)，优美的歌声与旋律，对于传递品牌情感、打动观众心灵、扩大电影影响力更是起到不可估量的作用。电影可能看一遍，歌曲却全球传唱，经久不息，与《泰坦尼克号》共同成为不朽的作品。

品牌听觉识别的境界，是品牌与消费者的深度感觉与心理契合，如伯牙操琴、子期品乐，高山兮流水，心有戚戚焉。

3. 构建品牌听觉识别与消费者功效价值关联

品牌功能价值的听觉识别方法，是选择合适的听觉识别元素与品牌功能价值元素建立关联，而后构建品牌功效价值元素组合，并将品牌功效价值显性化、放大化或产生关联联想。其内容首先是规划品牌功能价值元素，然后选择与品牌功能价值相匹配的独特声音元素，与品牌功能价值元素有效关联，而后系统规划与有效组合价值元素，构建内涵丰富的鲜明听觉功能价值识别。

一些全球领先的汽车品牌企业，其发动机基于不同的设计理念与制作工艺，在工作时都有独特的声音，发动机的独特声音、发动机的品质与澎湃动力形成了坚定关联并形成独特的品牌区隔模式。

对于食品行业品牌，构建一个好环境下一个好形态的动物健康的动作与声音，可以与食品的品质和功效价值产生逻辑关联，并有效建立优秀食品品牌联想。伊利、蒙牛这些做牛奶的企业好像经常牵出一只或一群乳牛出来在电视和平面广告上遛一遛、哞一哞的。“澳优乳业”创业阶段品牌定位是澳洲有机牛奶，更是把澳洲的优质乳牛牵出来大力宣传，打造“澳优”品牌的高品质奶制品形象。

4. 构建品牌听觉识别与消费者的情感价值和情感关系关联

品牌情感价值的听觉识别方法，是选择合适的听觉识别元素与品牌情感价值元素建立关联，构建独特的品牌情感价值关联与组合，并将品牌情感价值显性化、放大化或产生关联联想。其内容首先是规划品牌情感价值元素，然后选择与品牌情感价值相匹配的独特听觉元素，构建品牌感情价值元素关联、组合，系统构建内涵丰富的鲜明听觉情感价值识别。

结合品牌情感价值元素，选择来自行业领袖、专业领域权威人士、社会名人规划品牌广告，是常见方式。系统选择与规划其形象、情感元素与声音元素，并与品牌情感元素有效组合，其所陈述的内容与声音，将有助于消费者建立品牌认知与品牌信任。来自体育冠军、艺术大奖获得者等业内权威的品牌内容设计、广告词陈述与传播，也有助于消费者建立品牌在相关领域的专业性与高品质的形象。来自众多的社会名人、演艺时尚明星的品牌形象广告，其独特的声音也是通过人际沟通传递品牌情感价值，表达品牌情感与品牌态度，建立与维系品牌情感关系的有力方式。源自自然的声音元素、来自生活细节的声音元素与品牌情感价值构建关联，也是建立听觉价值识别的有效手段。正如日本佳能相机的经典品牌广告所诉说的，生活中，“感动常在”。

笔者认为，功效价值识别日趋同质化，在品牌识别上，情感价值的差异化更容易构建和实现。品牌与消费者的情感价值关系也比功效价值关系更为稳固，值得深入研究和探索。品牌中情感价值元素也更容易打动人心。麦当劳广告中，荡秋千的小孩子，看着麦当劳标志时隐时现的笑声，一方面是对麦当劳产品品质的认知与认可；另一方面，小孩子的笑声，易于引起大众和父母的心理情感共鸣，以及对于麦当劳品牌的情感价值以及幸福生活的联想。

5. 构建品牌听觉识别与消费者的观念价值关联和精神契合

品牌观念价值的听觉识别方法，是选择合适的听觉识别元素与品牌观念价值元素建立关联，构建品牌观念价值关联与组合，并将品牌观念价值显性化、放大化或产生关联价值联想。其内容首先是规划品牌观念价值元素，然后选择与品牌情感价值相匹配的独特听觉元素，构建品牌观念价值元素关联、组合，系统构建内涵丰富的鲜明听觉观念价值识别。

世界范围内，许多宗教的宗教音乐都是宗教、仪式的重要组成部分。宗教音乐的内容丰富，数量众多，庄严、动听而又便于传唱吟诵。宗教音乐对于宗教组织建立宗教信仰氛围、发展信众、强化信众的精神依附具有重要的作用。

6. 实施有效的品牌听觉识别沟通

品牌听觉识别沟通是在品牌听觉识别元素与消费者接触的各个接触点的系统设计与有效沟通中实现。一是品牌听觉识别广告在电视、广播、网站等传播媒介的整体传播实现；二是通过与消费者的互动沟通实现；三是在消费者消费环节，通过企业员工与消费者的人际沟通，以及产品声音元素的沟通实现；四是在消费者消费环节，通过产品与服务本身的声音元素与消费者保持持续沟通；五是在售后服务环节，通过消费者与售后服务人员的沟通来实现。

消费者通过听觉识别建立品牌价值认知、体验与联想，是一个长期、系统的过程。它是一个包括品牌核心听觉价值识别元素与日常众多听觉识别元素复合沟通的统一体，是听觉物化识别元素与人际沟通识别元素的统一体，是品牌价值认知与品牌听觉审美体验的统一体。品牌听觉识别需要系统规划、长期实施，构建消费者对品牌听觉体验的独特感、价值观与审美体验，以有效建立品牌价值认知，维系品牌偏好与品牌忠诚。

（四）品牌名称的听觉识别

一些企业将听觉识别元素用在了品牌命名中。动听，易记，易于品牌传播与识别，以下是几个比较典型的以声音识别作为品牌命名的例子。

娃哈哈的名字来自大家耳熟能详的儿歌：我们的祖国是花园，花园的花朵真鲜艳，娃哈哈，娃哈哈，每个人脸上都笑开颜……

当当的名字或者是来自鸣锣告示的声音，或者来自铁匠铺辛勤劳作的打铁声，或者来自寺院沉静悠扬的钟声等，同样醒目、简单、易记，又能产生许多品牌联想。

“咯咯哒”品牌的鸡蛋，名字听起来像是母鸡下蛋后的典型声音，又像是该品牌鸡蛋产品货真价实的品牌宣言。

（五）品牌听觉识别案例

英特尔品牌广告，常可以听见“噔噔噔噔”的音乐节律，简洁动听而又富有激情。广告独特的声音识别，一方面有效传达了英特尔芯片动力强劲的功能价值联想；另一方面又建立了与英特尔品牌相关独特的声音识别，便于消费者记忆。

百事可乐的饮料产品广告常常与当年最当红的音乐明星、体育明星相伴，并以引领潮流的体育、音乐明星与流行歌曲为主要传播内容，持续强化百事可乐“年轻一代的选择”的品牌定位，并为品牌持续注入包括文化、音乐、时尚等在内的新的品牌形象元素，并通过明星人物的独特形象、声音与情感牵引巩固百事品牌的年轻形象，密切与消费者的品牌情感关系。

写作此章节的时候，正在倾听《中国好声音》学员的美妙乐曲，常常为之陶醉，为之震撼，为之感动。声音之美，美在自然真性情，可以感动心灵，万人空巷，也是难得的胜景。《中国好声音》的品牌广告也水涨船高，《中国好声音》从开播第一期到第八期，广告费从每15秒15万元，飙升到每15秒50万元。但许多知名企业依然觉得很值，加多宝凉茶、娃哈哈启力、苏宁易购、京东商城、香飘飘奶茶、步步高点读机等蜂拥而至，中国好声音22分钟的广告时间也已经没有空余，多到让听众无奈的地步。

一定意义上，真正的好声音与真正的好产品，在品牌形象与价值上是有一致性的，可以产生关联的高品质的品牌关系与品牌联想——在本质上，我们是同类。

八、品牌味觉识别

有套畅销书《心灵鸡汤》，用鸡汤的鲜美滋味来寓意好书的内涵与价值，以及给读者带来的愉悦心灵体验。以味道来识别好书，也道出了味觉识别的价值。品位生活，识别品牌，也可以从品牌味觉识别开始。

（一）品牌味觉识别的定义

品牌味觉识别是指消费者对于品牌味觉元素的感官价值认知、体验和联想。其重要特征在于品牌味觉识别是以消费者的产品消费体验为核心的，是消费者对于产品的感官味觉识别和直接接触体验为主要识别方式的，与消费者的情感认知也具有深度关联，具有深度的消费者个性化价值体验特性，易于构建品牌与消费者的感性认知与感官偏好，密切情感关系，易于促进消费者的品牌偏好与品牌忠诚。

品牌味觉识别在泛饮食与食品行业应用较多。品牌味觉识别或者单独作用，或者和品牌视觉识别等其他识别方式互相组合，共同作用，赋予品牌识别更多功能价值内涵与个性化感官体验。

（二）品牌味觉识别的内容

理解品牌味觉识别，从认知味道、感悟和理解味道之美开始，然后了解品牌味觉元素、品牌味觉识别的消费者沟通与体验模式，完成对于品牌味觉识别的整体认知。

1. 味觉元素的内容

味觉识别指人对于食品、物品等的味觉感官体验，其内容通常包括酸、甜、苦、辣、咸、麻等味觉元素或元素组合。

味觉识别的重要内容是消费者对于品牌味觉元素的主观识别，建立符合消费者味觉体验的味觉认知、体验与联想。好的味觉识别，也包含了消费者对于品牌味觉相关的品质与功效、品牌情感、品牌品位的价值认知与联想。

2. 品牌味觉识别的内容

对企业而言，品牌味觉识别是味觉元素与品牌价值元素相关联的味觉元素组合，其主要包括下列内容：

（1）公司元素，包括公司历史文化、生产加工环境等元素。

（2）产品元素，包括产品原料产地、材质、外观、包装等元素。

（3）终端元素，包括终端消费环境、产品展示陈列方式、客户消费模式等元素。

（4）促销元素，包括促销品、试吃试用、产品产地参观、产品加工体验等元素。

（5）广告元素，包括品牌形象广告、广告词、广告歌曲、网站等元素。

（6）人员元素，包括员工专业度，客户服务模式等元素。

3. 味觉识别的消费者沟通媒介

品牌味觉识别的传播媒介包括无线广播、有线广播、电视、互联网、手机、展示陈列品、促销品等。消费者沟通媒介包括了生产环境、加工环境、产品展示陈列环境、消费体验环境、人际沟通环境等。现场参观与产品加工活动体验、现场试吃试用体验、促销品试用体验、产品陈列与展示、品牌消费体验等，也是有效的味觉沟通模式。

（三）品牌味觉识别的构建思路

品牌味觉识别建设思路，一是开展品牌评审与调研，深入调研与分析行业与市场态势，分析目标消费者的价值需求，分析市场竞争者因素；二是深入研究和分析企业自身资源与品牌价值元素，分析企业品牌建设的问题；三是研究包括行业先进企业在内的优秀企业的品牌味觉识别建设经验；四是明确企业的战略发展方向，明确企业的品牌建设方向。在此基础上，结合企业品牌战略与品牌识别战略的总体规划，构建企业的品牌味觉识别体系。

（四）品牌味觉识别的构建模式

1. 构建味觉识别的价值定位

构建味觉识别，一是需要深入研究消费群体的价值需求与消费模式，尤其需要注意研究具有地域特色的消费者消费习惯与消费偏好；二是需要深入研究与分析企业的内外部资源、能力特点与产品优势；三是需要基于企业核心竞争力建设来构建；四是需要基于市场竞争分析和产品差异化竞争来构建。在此基础上，抢占味觉识别的价值定位，构建具有企业特色优势、富有价值内涵与个性形象的味觉识别体系。

味觉识别在一定程度上是舌尖上的识别，因此更需要创新味觉识别模式，实施差异化的味觉识别沟通，以增强用户的味觉价值认知与价值体验，培养用户的消费习惯，建立味觉偏好与情感忠诚，以此建立与竞争品牌的品牌差异化竞争，赢得市场先机。

2. 选择与构建富有价值的味觉元素

构建味觉识别的重要内容，就是选择和组合适应品牌价值基因、符合消费者味觉偏好的味觉元素，并将好的味觉元素与品牌价值元素有效整合，形成出色的味觉体验。消费者对于味觉识别元素的价值认知与体验，是味觉识别的重要内容。

味觉识别元素选择与构建需要关注与匹配的品牌价值构建包括品牌功能价值元素、品牌情感价值元素和品牌观念价值元素，需要深入调研、分析与甄选。

味觉识别元素选择与构建中需要关注的因素，包括品牌的食品原材料和地理文化相关的味觉元素、调味品的味觉元素、产品相关的味觉元素、生产工艺与生产者相关的味觉元素、消费环境产生的味觉元素等，以及消费者相关的对于味觉元素的价值感与价值联想、味觉元素与品牌价值元素关联的逻辑美感、味觉表达形式的感官体验与品牌联想、消费者味觉元素偏好与品牌味觉元素的生理与心理契合感。

味觉识别的重要特征是它通常在产品与服务交易和消费环节实现。味觉识别在传递品牌价值的同时，为消费者带来独特的味觉感官体验、情感体验、审美体验，以及生理、心理的满足感。味觉识别元素的选择、组合与表现形式需要有助于展现和强化品牌的独特价值与个性形象，有助于展现品牌的独特风格与气质，有助于加强品牌价值认识与体验，有助于强化品牌的情感关系，有助于产品品牌的联想。

3. 构建味觉识别与消费者的功效价值关联

品牌功能价值的味觉识别方法，是选择合适的味觉识别元素，与品牌功能价值元素构建关联，形成相关的味觉识别价值元素的组合。其内容首先是规划品牌功能价值元素，然后选择与品牌功能价值相匹配的独特味觉元素，建立相关的味觉识别价值元素关联，组合，并将品牌功效价值显性化、放大化或产生关联联想，以此构建内涵丰富的鲜明味觉功能价值识别。

品牌功效价值相关的味觉价值元素，来源于消费者对于各种地域食品特色与优势的独特的惯性的价值认知，来源于对于特定企业特定食品味道的价值认知与价值体验，来源于企业的生产质量与加工工艺的品质认知，来源于消费者对于消费环境与消费体验的感官认知。这些元素，也是品牌味觉识别建构的重要考虑因素。

家乡的人早晨喜欢喝羊肉汤、驴肉汤。依然记得，北关附近有家生意多年很好的“洛记”驴肉汤铺子，店主好像每隔一段时间就在店前空地上杀一头驴。锅里也添加了一些中药材和香料，铺里也常有肉香飘出，驴肉汤的味道也非常鲜美，至今思念。杀驴是否人道暂且不论，其构建真驴及驴肉飘香货真价实品牌价值形象品牌识别建设方法倒是深得品牌管理个中真味，值得细细品味。

4. 构建味觉识别与消费者的情感价值关联

品牌情感价值相关的味觉价值元素，来源于消费者群体对于食品相关的文化历史内涵的认知与体验，来源于千百年传承的独特客户味觉偏好；来源于消费者对于地域食品文化与风俗的独特价值体验；来源于消费者对于特定企业的情感认知与情感联系，来源于消费者对于特定食品味道的价值认知与价值体验；来源于消费者对于权威人士、知名人士等与食品相关的品牌元素的情感认知与情感联系。这些元素，也是品牌味觉识别建构的重要考虑因素。选择合适的情感价值元素，将历史、文化、情感故事、名人明星、情绪与心情等与味觉元素有效嫁接与组合，为品牌注入契合情感的味道，将是建构品牌情感价值的独特方式。

欧洲食品巨头雀巢公司在味觉营销方面很有方略，其雀巢咖啡的广告图文并茂，系列广告语“雀巢咖啡，味道好极了！”“雀巢咖啡，滴滴香浓，意犹未尽！”深得味觉识别的真意。

5. 构建味觉识别与消费者的观念价值关联与精神契合

品牌观念价值的味觉识别方法，首先是规划品牌观念价值元素，然后选择与品牌观念价值相匹配的独特味觉元素，构建建立品牌观念价值元素关联，组合，并将品牌观念价值显性化、放大化或产生关联联想，以此系统构建内涵丰富的鲜明味觉观念价值识别。

有句关于吃辣的俗话，“四川人不怕辣，陕西人辣不怕，湖南人怕不辣。”这句话从民众味觉识别的视角描写民风，一方面展示了川陕湘等地域民众的独特饮食习惯；另一方面也以独特的视角彰显了当地民众敢作敢为的独特的个性与文化精神。

（五）实施有效的品牌味觉识别沟通

味觉识别沟通是一种感性的、个性化的价值体验，并在消费者感知、接触与体验中实现。味觉识别沟通，一是通过味觉识别元素在电视、广播、网站等传播媒介的整体传播实现；二是通过与消费者的产品促销活动，以及试做、试吃、试用等互动沟通活动中实现；三是在消费者消费环节，通过企业员工与消费者的人际沟通以及产品味觉元素的沟通实现；四是在消费者消费环节，通过产品消费体验与消费者保持持续沟通；五是在售后服务环节，通过消费者与售后服务人员的沟通来实现。

味觉识别的价值认知、体验与联想是一个长期、系统的过程。它是消费者对于品牌味觉元素建立感官偏好的生理契合过程与建立情感偏好的心理契合过程的统一体，是味觉物化识别元素与其他识别元素共同作用的统一体，是品牌价值认知与品牌味觉审美体验的统一体。品牌味觉识别需要系统规划，长期实施，构建消费者对品牌味觉体验的独特感、价值感与审美体验，以有效建立品牌价值认知，维系品牌偏好与品牌忠诚。

味觉识别的境界，是品牌与消费者的深度感觉与心理契合，以及精神共鸣。饮食味道可以调制，但如能将品牌的情感与精神注入饮食味道中，那就是所谓“厨神”的意境了。

2012年，中央电视台有一档《舌尖上的中国》电视节目开播，创下了很高的收视率。该片有美食，有优美的环境，有历史文化的回顾，有现代人的故事，有美食加工制作过程，有情绪与心意；包含了诸多声情并茂的味道，诸多余味悠长的遐想。味道，是一种感觉，一种体验，也是一种文化。中国的饮食文化世界第一，中国的味觉识别也应该有所建树，引领时代潮流。

九、品牌嗅觉识别

有部有名的电影《闻香识女人》，道出了嗅觉识别的意境，识别美人，识别品牌，可以从嗅觉识别开始。有人、有空气的地方，就会有嗅觉。鼻子是人的重要感官，嗅觉是人类的重要感觉。嗅觉识别，也是值得关注的感觉识别模式。

（一）品牌嗅觉识别的定义

品牌嗅觉识别是指消费者的鼻子对于品牌的嗅觉元素的感官认知、体验和联想。嗅觉识别是以消费者的个性化感官非接触性认知与体验为核心，以品牌相关的环境、产品与人的气味元素为主要嗅觉认知与体验元素，以品牌功能价值、情感价值、观念价值与嗅觉的关联价值识别与体验为主要模式，构建消费者的嗅觉认知、体验与品牌联想。

嗅觉识别或者单独作用，或者和视觉、味觉、触觉等其他识别方式互相组合，共同作用，赋予品牌识别更多个性化感官价值体验与情感联系，易于构建品牌偏好与忠诚。

（二）品牌嗅觉识别的内容

理解嗅觉识别，从认知气味、感悟和理解气味之香开始，然后了解品牌嗅觉元素、嗅觉识别元素，以及嗅觉沟通模式，完成对于嗅觉识别的整体认知。

1. 嗅觉

嗅觉是鼻子对于气态物质的一种远感认知、体验与联想，是通过长距离感受刺激的感觉，是一种非接触性感觉。相比之下，味觉是一种近感，是一种接触性体验。

嗅觉的刺激物必须是气体物质，只有挥发性有味物质的分子，才能成为嗅觉细胞的刺激物。人类嗅觉的敏感度是很大的，通常用嗅觉阈来测定。所谓嗅觉阈，就是能够引起嗅觉的有气味物质的最小浓度。

2. 嗅觉元素的内容

嗅觉元素一般分为香料气、花香气、水果气、树脂气、焦臭气、腐烂气等。嗅觉不像其他感觉那么容易分类，在说明嗅觉时，常用产生气味的东西来命名，例如玫瑰花香、肉香、腐臭等。

当几种不同的气味元素同时混合作用于嗅觉感官时，会产生不同的嗅觉：一种是产生新气味；一种是主要气味代替或掩蔽另一种气味；一种是产生气味中和，混合气味就完全不引起嗅觉。

3. 嗅觉识别的内容

对企业而言，品牌嗅觉识别是嗅觉元素与品牌价值元素相结合的嗅觉元素组合。品牌嗅觉识别的重要内容是构建品牌嗅觉元素与品牌价值元素的关联与组合，建立符合消费者嗅觉价值体验的嗅觉认知、体验与联想。好的嗅觉识别，也包含了消费者对于品牌嗅觉相关的品质与功效、品牌情感、品牌品位的价值认知与联想。其主要内容如下：

（1）公司元素，包括公司历史文化、生产加工环境等元素。

（2）产品元素，包括产品原料产地、材质、外观、包装等元素。

（3）终端元素，包括终端消费环境、产品展示陈列、客户消费模式等元素。

（4）促销元素，包括促销品、试吃试用、产品产地参观、产品加工体验等元素。

（5）广告元素，包括品牌形象广告、广告词、广告歌曲、网站等元素。

（6）人员元素，包括员工专业度、客户服务模式等元素。

4. 嗅觉识别的消费者沟通媒介

品牌嗅觉识别的传播媒介包括无线广播、有线广播、电视、互联网、手机、展示陈列品、促销品等。消费者沟通媒介包括了生产环境、加工环境、产品展示陈列环境、消费体验环境、人际沟通环境等。现场参观与产品加工活动体验、现场试吃试用体验、促销品试用体验、产品陈列与展示、品牌消费体验等，也是有效的嗅觉沟通模式。

（三）品牌嗅觉识别的构建思路

品牌嗅觉识别构建思路，一是开展品牌评审与调研，深入调研与分析行业与市场态势，分析目标消费者的价值需求，分析市场竞争者因素；二是深入研究和分析企业自身资源与品牌价值元素，分析企业品牌建设的问题；三是研究包括行业先进企业在内的优秀企业的品牌嗅觉识别建设经验；四是明确企业的战略发展方向，明确企业的品牌建设方向。在此基础上，结合企业品牌战略与品牌识别战略的总体规划，构建企业的品牌嗅觉识别体系。

（四）品牌嗅觉识别的构建模式

1. 构建嗅觉识别的价值定位

构建嗅觉识别，一是需要深入研究消费群体的价值需求与消费模式，尤其需要注意研究具有不同消费者群体对于品牌产品与服务的气味感知方式与消费偏好；二是需要深入研究与分析企业的内外部资源、能力特点与产品优势；三是需要基于企业核心竞争力建设来构建；四是需要基于市场竞争分析和产品差异化竞争来构建。在此基础上，抢占嗅觉识别的价值定位，构建具有企业特色优势、富有价值内涵与个性形象的嗅觉识别体系。

嗅觉识别在一定程度上是鼻尖上的识别，并且常和味觉识别、视觉识别形成由远及近、由无形到有形的感官识别组合，因此更需要创新嗅觉识别模式，实施差异化的嗅觉识别沟通，以增强用户的嗅觉价值认知与价值体验，培养用户的消费习惯，建立嗅觉偏好与情感忠诚，以此建立与竞争品牌的品牌差异化竞争，赢得市场先机。

2. 选择与构建富有价值的嗅觉元素

构建嗅觉识别的重要内容，就是选择品牌价值基因，选择与品牌价值基因相匹配的、符合消费者嗅觉偏好的嗅觉元素，并将嗅觉识别元素有效整合与组合，形成出色的嗅觉识别。

嗅觉识别元素选择与构建需要有效匹配品牌功能价值元素、品牌情感价值元素和品牌观念价值元素，形成品牌价值基因关联。

嗅觉识别元素在选择与构建中需要关注的因素包括品牌原材料和地理文化相关的嗅觉元素、产品相关的嗅觉元素、生产工艺与生产者相关的嗅觉元素、员工的嗅觉元素、消费环境产生的嗅觉元素、消费体验相关的嗅觉元素等，以及消费者相关的对于嗅觉元素的价值感与价值联想、嗅觉元素与品牌价值元素关联的逻辑美感、嗅觉元素表达形式的感官体验与品牌联想，消费者对于嗅觉元素偏好与品牌嗅觉元素的生理与心理契合感。

嗅觉识别由于其非接触性及相对远程的特征，在多个消费者与品牌接触环节实现。嗅觉识别在传递品牌价值的同时，为消费者带来独特的嗅觉感官体验、情感体验、审美体验，以及生理、心理的满足感。嗅觉识别元素的选择、组合与表现形式需要有助于展现和强化品牌的独特价值与个性形象，有助于展现品牌的独特风格与气质，有助于加强品牌价值认识与体验，有助于强化品牌的情感关系，有助于产品品牌的联想。

3. 构建嗅觉识别与消费者的功效价值关联

品牌功能价值的嗅觉识别方法，其内容首先是规划品牌功能价值元素，然后选择与品牌功能价值相匹配的独特嗅觉元素，建立相关的嗅觉识别价值元素关联，组合，并将品牌功效价值显性化、放大化或产生关联联想，以此构建内涵丰富的鲜明嗅觉功能价值识别。

品牌功效价值相关的嗅觉价值元素，来源于消费者对于产品历史地理环境特色与优势的独特的惯性的价值认知，来源于对于特定企业特定产品气味的价值认知与价值体验，来源于企业的生产质量与加工工艺的品质认知，来源于消费者对产品与服务的消费体验。这些元素，也是品牌嗅觉识别的重要考虑因素。

化妆品与香水企业的气味营销相对成熟，许多化妆品和香水品牌都植入了独特的芳香原料，并通过试用装、小瓶装来增添消费者的嗅觉体验，以品牌产品的香味来增添产品的独特功效价值认知和品牌形象认知。

4. 构建嗅觉识别与消费者的情感价值关联

品牌情感价值相关的嗅觉价值元素，来源于消费者群体对于企业和产品相关的文化历史内涵的认知与体验，来源于千百年传承的独特客户嗅觉偏好；来源于消费者对于品牌相关联的地域文化与风俗的独特价值体验；来源于消费者对于特定企业的情感认知与情感联系，来源于消费者对于特定产品气味的独特价值认知与价值体验；来源于消费者对于权威人士、知名人士等与品牌相关的元素的情感认知与情感联系。这些元素，也是品牌嗅觉识别建构的重要考虑因素。选择合适的情感价值元素，将历史、文化、情感故事、名人明星、情绪与心情等嗅觉元素有效嫁接与组合，为品牌注入契合情感的独特气味元素，将是建构品牌情感价值的独特方式。

5. 构建嗅觉识别与消费者的观念价值关联与精神契合

品牌观念价值的嗅觉识别方法，首先是规划品牌观念价值元素，然后选择与品牌观念价值相匹配的独特嗅觉元素，建立品牌观念价值元素关联，组合，并将品牌观念价值显性化、放大化或产生关联联想，以此系统构建内涵丰富的鲜明嗅觉观念价值识别。

中国的多数佛教场所都有敬香燃香的习俗。敬香燃香一是敬神礼佛，二是清心修身。独特的香味环境，也有助于寺院构建虔诚、肃穆的浓厚宗教氛围，有助于增强信众的精神信仰。佛、法、僧是佛教发展的灵魂，同时，巍峨佛像、佛教典籍、高僧大德、宗教仪式、晨钟暮鼓、佛乐吟唱、燃香燃灯，也是建立佛教认知、增强宗教信仰的重要组成部分。

6. 实施有效的嗅觉识别沟通

嗅觉识别沟通是一种非接触式的、感性的、个性化的价值体验，并在消费者感知、接触与体验中实现。嗅觉识别沟通，一是嗅觉识别元素在电视、广播、网站等传播媒介的整体传播与沟通中实现；二是构建产品的独特气味元素，并通过产品促销活动，以及试做、试吃、试用、试闻等互动沟通活动实现；三是在消费终端构建富有独特气味识别环境，产品认知与体验环境，增强消费者的嗅觉识别体验；四是在制度层面建立员工的健康形象与健康气味元素，维系消费者的消费舒适感；五是构建产品与服务的独特气味元素，通过消费者的产品与服务消费体验建立深度的嗅觉认知、体验与价值联想。

嗅觉识别的价值认知、体验与联想是一个长期、系统的过程。它是消费者对于品牌嗅觉元素建立感官偏好的生理契合过程与建立情感偏好的心理契合过程的统一体，是嗅觉物化识别元素与其他识别元素共同作用的统一体，是品牌价值认知与品牌嗅觉审美体验的统一体。品牌嗅觉识别需要系统规划，长期实施，构建消费者对品牌嗅觉体验的独特感、价值观与审美体验，以有效建立品牌价值认知，维系品牌偏好与品牌忠诚。

迪奥（Dior）香水的品牌营销策略也很值得借鉴：一是选择消费者熟悉的形象靓丽的大牌明星作为代言人，加强消费者的情感认知与情感联系；二是拍摄奢华的、引人遐想的明星广告并在电视、网络等媒介播出，打造高贵、时尚、魅惑的品牌形象；三是设计高雅、精美、独特的香水内外包装便于消费者识别；四是在终端提供促销装与小瓶体验装，方便消费者的消费体验；五是在一些时尚杂志里夹带特制的香水纸条，方便消费者体验独特的香水味道。以此在消费者认知与接触产品的各个环节实施系统的品牌嗅觉营销。

第三节 品牌情感识别

近年有句流行语“哥喝的不是酒，是寂寞”，这句话在一定程度上道出了品牌的情感属性，以及消费者的情感价值体验。基于组织行为学与心理学对于人的情绪与态度的研究，基于对品牌消费者群体情绪与态度特征的深入分析，将情绪与态度因素作为情感价值元素，构建品牌情绪的差异化识别，也是构建品牌情感识别的重要模式。

一、品牌情感识别的定义

品牌情感识别（sensibility identification）是消费者对于以人为主体的品牌情感的认知、体验，以及情感关系联想。品牌情感识别包含了消费者对品牌内在的情感价值和外在情感形象的认知、体验与联想，消费者对于品牌消费者群体的情感认知与情感关系联想，品牌消费者群体相互间的品牌情感认知、体验与情感关系联想。品牌情感识别的建设和营销也成为重要的品牌价值创造模式。

传统 CI 识别理论认为，行为识别（BI）应以企业行为构建为主体来建立品牌行为识别，建立消费者沟通，影响消费者的品牌认知。笔者认为，应对现有的企业主导的行为识别（BI）理论予以扬弃与发展。品牌价值的本质是客户价值，品牌识别的本质是客户价值识别。我们应以消费者的情感价值需求与关系价值需求为中心，以消费者的情感识别与情感关系建设，以品牌相关的人的情感作为品牌沟通主题，以品牌相关的人的行为作为品牌沟通主体建立品牌情感识别系统。

二、品牌情感识别的内容

品牌情感识别的内容，包含了消费者对于品牌的理性情感认知与感性情感认知，包含了消费者对于品牌的情感认知、体验、联想与情感契合过程，是一个复杂的消费心理过程。

《心理学大辞典》认为，“情感是人对客观事物是否满足自己的需要而产生的态度体验”。在哲学本质上，情感是人类主体对于客体的价值关系的一种主观反映。

人类的情感复杂多样，可以从不同的研究视角进行分类。品牌情感识别主要关注情感价值元素的认知、分析与提炼，可以根据情感所体现的主客体的价值关系特点进行分类。

美国社会心理学家马斯洛认为，人类的价值体系存在两类不同的需要：一类是沿生物谱系上升方向逐渐变弱的本能或冲动，称为低级需要和生理需要；另一类是随生物进化而逐渐显现的潜能或需要，称为高级需要。马斯洛的需求理论将人类的需求从低到高分成生理需求、安全需求、社会需求、尊重需求和自我实现需求五个层次。人都潜藏着这五种不同层次的需要，但在不同的时期表现出来的各种需要的迫切程度是不同的。人的最迫切的需要才是激励人行动的主要原因和动力。人的需要是从外部得来的满足逐渐向内在得到的满足转化。

参照马斯洛的需求模型，人类的情感价值需求也可分为五个层次：生存类、安全类、社会类、尊重类和自我实现类。生存类情感包括酸、甜、苦、辣、热、冷、饿、渴、疼、痒、闷等；安全类情感包括舒适、安逸、快活、恐惧、担忧、不安、健康、舒适等；社会类情感包括爱、忠孝、慈悲、友善、幸福、包容等；尊重类情感包括自信、自爱、自豪、尊重、敬佩、思念、自责、孤独、受骗和受辱等；自我实现类情感包括自由、抱负、使命、成就、超越、失落、受挫、沉沦等。

基于情感价值的强度和持续时间，人类情感可分为心境、热情与激情。心境是指强度较低但持续时间较长的情感，它是一种微弱、平静而持久的情感，如温情、柔情、郁闷、喜欢、舒适等；热情是指强度较高但持续时间较短的情感，它是一种强有力的、稳定而深厚的情感，如高兴、愉快、烦躁、痴迷等；激情是指强度很高但持续时间很短的情感，它是一种猛烈的、迅速爆发的、短暂的情感，如狂喜、愤怒、恐惧、绝望等。

基于情感价值变化方向，人类情感可分为正向情感与负向情感。正向情感是人对正向价值的增加或负向价值的减少所产生的情感，如愉快、信任、感激、庆幸等；负向情感是人对正向价值的减少或负向价值的增加所产生的情感，如痛苦、鄙视、仇恨、嫉妒等。

基于个体与社会角色认知，情感又可细分为情绪与感情。情绪和感情都是人对客观事物所持的态度体验，只是情绪更倾向于个体生理需求欲望上的态度体验，而感情则更倾向于社会需求欲望上的态度体验。情绪是身体对行为成功的可能性乃至必然性在生理反应上的评价和体验，包括喜、怒、忧、思、悲、恐、惊七种情绪元素。

由于客户价值需求的复杂性，消费者群体对于品牌的情感元素常常呈现出情感价值元素的组合体，即多个品牌情感元素组合在同一个品牌的情感价值需求中。适应消费者的不同情感价值需求，品牌情感识别有时是单一核心品牌情感元素的选择和构建，有时也是多种品牌情感元素的组合构建。

在品牌管理实践中，为便于情感价值元素的选择与组合，笔者以情感元素的价值需求高度和情感需求强度为维度，构建了品牌情感分析模型。企业可以借鉴这个模型深入分析目标消费群体的情感价值需求元素，有效选择和组合情感价值需求元素，在此基础上构建品牌情感识别。

三、品牌情感识别的构建

情感价值识别以消费者群体的情感价值需求与关系价值需求的选择与满足为核心构建，起始于企业对消费者情感价值需求的分析与选择，完成于企业对品牌情感价值元素的梳理、提炼与品牌化包装。

情感价值识别的有效构建，一是需要深入分析与理解目标消费者群体的价值观与情感需求、关系需求和群体化的情感价值特征元素，以此为基础选择关键品牌情感元素；二是需要选择、提炼和建设富有企业特色的差异化的品牌情感元素组合，以有效匹配消费者的情感价值需求，有效构建消费者的群体情感认知、认同和情感关系契合；三是要建设和维持富含品牌价值元素的品牌个性，树立与众不同的人性化形象，赋予品牌人性魅力和风格；四是采取多种方式加强与消费者以及消费者群体间的情感沟通和互动，创造深度的消费者情感价值体验，培育消费者的情感偏好，以此建立与消费者的紧密的、深度的、长期的情感关系。

雕牌洗衣粉的一系列广告传播就使用了以“亲情”为主题的品牌情感营销的方式，打动了许多消费者的心弦。瑞士浪琴表建立了“优雅”的生活态度的品牌定位，其唯美的品牌形象广告、知性优雅的广告模特，“优雅个性，真我风采”的广告语，处处展现着浪琴知性、优雅的品牌形象。

品牌情感元素的选择与分析方法，可以借鉴第三章第三节对于品牌价值元素的分析。其核心内容是以消费者的情感需求和价值取向为基础，从消费者的思维理性、感性维度，及消费者的个性自制、张扬维度去认知、分析和理解，将品牌价值元素划分六个价值区域：简约型价值区、传统感性价值区、现代感性价值区、价格敏感区、传统理性价值区和现代理性价值区。在这些品牌元素价值区域，通过具体的量化调查和心理分析来挖掘消费者购买行为背后的潜在消费心理和价值需求。

四、品牌行为识别

在一定程度上，品牌行为识别是以人的行为识别为核心的品牌行为沟通模式。品牌行为识别包含了公司行为识别、企业家行为识别、员工行为识别、利益相关者行为识别和消费者行为识别五个方面的内容。品牌行为识别的模式从企业内部扩展到企业外部，由企业主导发展到客户主导，由单向沟通到互动交流，日趋丰富。

在品牌识别的实现逻辑上，品牌精神识别以及品牌情感识别的构建与实施，依托品牌行为识别，以企业员工及利益相关者与消费者的有效人际沟通来实现。鉴于品牌行为识别是以人为主体的品牌识别与沟通模式，并以消费者的理念沟通、情感交流与关系建立为主要使命与任务，所以将品牌行为识别作为品牌情感识别的一个组成部分进行研究与探讨。

品牌行为识别是以企业经营理念为基本出发点，向内以建设企业文化为中心，构建组织价值观、完善组织制度与管理模式、规范员工行为模式；向外以构建长期、深入的客户价值关系为中心，实施市场调查、产品开发、营销沟通、客户服务、社会公益文化活动等行为方式，以此来沟通和传递企业精神与企业价值，密切与利益相关者和消费者的情感与利益关系，以获得社会公众与消费者对品牌的情感与关系认同。

整体而言，品牌行为识别不只是包含企业人员的行为，还包含企业人员与消费者的互动与关系构建，以及消费者群体间的互动行为与关系构建。品牌行为识别以践行企业价值观为基础原则，以员工行为规范为重要参照，通过规范企业运作方式与员工行为，协调企业与客户互动沟通行为，引导消费者行为，通过统一规划与有序实施而形成的具有人性化特征的动态行为品牌识别模式。

消费者在各个品牌接触点，通过企业行为、员工行为、企业与消费者的互动行为、消费者的主动参与行为的认知，对品牌行为生成由点到面、由浅到深的系统感知，建立系统的品牌行为的认知、感受与联想，就构成了品牌的行为识别。构建品牌感觉识别，也需要从公司行为识别、企业家行为识别、员工行为识别、利益相关者行为识别、消费者行为识别等各个层面实施系统规划与设计。

五、品牌关系建设

包含品牌情感关系在内的品牌关系建设也是消费者与品牌的关系建立、发展和维系的过程，值得企业重视、研究与深入探索。品牌关系的构建与发展包含了下列内容。

（1）陌生关系：不知道，不了解品牌。

（2）熟悉关系：对品牌有一定的了解和认知，品牌尝试者。

（3）偏好关系：对品牌有一定的认同和喜爱，品牌消费者。

（4）信任关系：对品牌有较深的认同和喜爱，品牌忠诚消费者。

（5）依赖关系：对品牌有深度的认同、喜爱和迷恋，品牌忠诚消费者、传播者。

（6）憎恶关系：对品牌反感、讨厌、憎恨，品牌破坏者与负面信息的传播者。

品牌关系的构建和维护，需要在每个阶段采取针对性的策略来实现。在陌生关系阶段，企业通过品牌传播和推广建立消费者品牌认知更为重要。在熟悉关系阶段，企业应注重巩固消费者对于品牌的功效价值体验，加深与消费者的品牌情感关系。在偏好关系阶段，企业应注重保持品牌与品牌所承载的产品与服务品质的一致性，为客户提供满意的高价值的服务，努力使消费者建立品牌信任。在信任关系阶段，企业应同时注重对于消费者的品牌情感营销与品牌精神营销，努力与消费者建立更深层次的品牌关系。在依赖关系阶段，企业可通过深度的客户关系管理计划，为客户提供常年优惠服务，或增值服务，或个性化服务，以维系忠诚客户；同时加强消费者的情感联系，推动该类消费者参与企业与品牌精神相关的主题活动，强化与消费者的精神契合。在负面的憎恶关系阶段，企业或者通过针对性的服务实施品牌关系挽救与更新，或者舍弃与该类型消费者的服务关系，专注于主要消费群体的服务。

消费者与品牌关系的构建与发展是个长期的交互过程，那些伟大的品牌与消费者的品牌关系建设甚至经历了逾百年经历了数代人的发展历程，饱经风雨，历久而弥新。唐代诗人杜牧的名诗《清明》：“清明时节雨纷纷，路上行人欲断魂。借问酒家何处有？牧童遥指杏花村。”更是由此为山西著名的“杏花村”汾酒注入了不朽的文化与情感内涵，其与消费者的品牌情感关系更是延续至今。

基于消费者的品牌认知与品牌消费体验，消费者与品牌的关系可能是正向不断良性化加深的过程，也有可能是负向减弱甚至是恶化的过程。其中甚至有可能经由品牌的产品伤害和服务伤害、感情伤害而损害消费者关系。部分品牌相关的严重负面事件经由传播媒介的广泛传播，也可能对现有的以及潜在的品牌消费者产生极大的负面影响。丰田公司的石狮子向原霸道越野车的敬礼广告，以及耐克公司曾经使用的勒布朗·詹姆斯与华人的广告，都曾因为忽视中国人民的感情而造成恶劣影响，对于企业的品牌也造成了伤害。企业在广告设计、产品品质和客户服务等方面也应予以重点关注和持续改善，以持续增强消费者的品牌体验，深化与消费者的品牌情感联系。

几年前的一个夏天，笔者去深圳招商银行总部讲课，在一个招行营业网点的理财服务室做访谈时，工作人员端来了一杯绿豆汤。几年过去了，绿豆汤清凉可口的味道仍难以忘怀，也为招商银行的产品与服务带来了几分温情。品牌的情感，是在企业员工一点一滴的努力中，在无数细枝末节之处体现出来的，并且尤其需要通过长期一致的理念表达和情感维系，通过长期一致的产品和服务质量保证，通过具有长期一致性的努力和客户服务来实现，而不仅仅是煽情的广告表现。

第四节 品牌精神识别

对企业而言，生产能力冗余导致过量的同质化产品和服务冗余，进而导致同类产品的品牌特色和营销模式同质化。由于产品价值缺少差异化，市场竞争的模式也通常表现为以价格差异化为核心以价格战为主导的竞争模式。作为超越价格战竞争、建立具有差异化的高价值品牌的重要模式，品牌之间竞争的高级模式是将品牌形象竞争、品牌价值竞争演化为基于品牌理念的品牌精神和品牌信仰的竞争。构建品牌精神识别有助于企业建立独特的、高贵的、富有差异化的公司精神，构建独特的差异化竞争优势。

一、品牌精神识别的定义

品牌精神识别是品牌内在的独特价值理念和价值追求，是消费者心中对于品牌价值理念的个性化认知、个性化价值体验与共鸣，是消费者的个人价值观、个人风格、个人行为方式与品牌价值理念的心理契合感。

品牌精神识别（brand soul identification）是消费者对于以思想为主体的品牌精神的个性化观念认知、认同、共鸣，直至品牌精神识别的最高境界——精神信仰。

品牌精神识别是对于理念识别的发展与进化。传统CI识别理论对于品牌的理念认知是以企业为主导的企业理念识别（MI）为主，但整体而言，品牌的理念识别不只是包含以企业员工与利益相关者为主体的企业文化要素，还包含品牌消费者的价值观与思维模式构建。企业人员与消费者基于价值观与思维方式契合的互动交流与观念认同，精神依附关系构建，也是构建品牌偏好与品牌忠诚的最为强大的品牌识别模式。

二、品牌精神识别的内容

品牌精神识别的核心是构建独具特色的观念价值，其内容包括企业层面的愿景与使命、价值观、经营理念、组织管理模式、员工行为范式、社会责任等。

品牌精神识别向内以构建品牌理念为中心，提炼组织价值观、完善组织管理模式、规范员工行为模式、影响员工的品牌认知；对外以创建和影响利益相关者与消费者的价值观为中心，通过品牌精神的传播与沟通以及品牌精神的践行，品牌价值努力与利益相关者和消费者达成价值观契合与共鸣，发展与维系品牌与利益相关者和消费者的深度精神联系与精神依附。

杰斯帕·昆德（Kundc）对于品牌精神也做了深入的研究。在《公司精神》等著作中，昆德以品牌价值和客户参与度为主要维度，创建了品牌信仰模型，并将品牌的发展分为产品、概念化品牌、公司理念、品牌（景象）文化和品牌精神五个等级。品牌依此顺序上升、发展到最高境界。品牌信仰模型中五个等级的内容如下：

（1）产品。没有任何“附加价值”的一般产品，仅具备一些普遍的功能要求。

（2）概念化品牌。在情感价值的基础上，而非产品资产的基础上得以运行的品牌。

（3）公司理念。与一个整体运行完全一致的公司相融合的品牌。

（4）品牌文化。在消费者心目中占有很高的地位，以至于消费者将其等同于其所代表的功能的品牌。

（5）品牌精神。在消费者心中，品牌是一种必需的选择，是一种信仰。

三、品牌精神识别的构建模式

品牌所有者与消费者基于品牌精神可以构建深入、长期的品牌关系联系。品牌经营者因应于品牌消费者群体的心理诉求，构建适宜的品牌价值观、理念、精神追求、思维模式等精神元素，与消费者构建与发展多维度的有效传播，沟通与互动体验，产生心理认知、心理共鸣、心理认同，直至心理契合与心理依附。这有益于品牌关联方构建更为深厚与长久的精神关系，也就是常说的似曾相识，心有灵犀，高山流水。

企业构建品牌精神识别应注重满足客户的个性化精神需求与精神体验，注重塑造与完善品牌的核心价值理念；注重构建组织内外部的组织与个体者共同认可和信赖的品牌理念，注重构建具有精神内涵的品牌价值形象的统一表达，努力建立与客户价值观联系和深度价值观认同，以及精神共鸣，并以客户的精神信仰和精神依附为最高境界。

在品牌精神识别构建模式上，首先，企业需要明确未来将要坚持的品牌精神，品牌精神的建设与提升方向主要基于公司未来的发展定位；其次，企业需要继承和发扬优秀品牌精神，提炼优秀的品牌价值基因；再次，企业需要深入分析并应对组织中存在的品牌建设与品牌理念文化问题，研究问题解决方式；最后，企业应充分借鉴优秀标杆品牌精神的建设和管理经验，在此基础上构建品牌精神。

四、品牌精神识别的建设步骤

在品牌精神识别体系建设的总体步骤上，第一步是实施品牌与品牌理念诊断；第二步是在品牌诊断的基础上构建先进的品牌精神；第三步是提炼契合品牌精神的品牌口号，简洁有力地传播品牌精神；第四步是构建契合品牌精神的品牌感觉识别体系，将品牌精神物化，以利于品牌精神的识别与传播；第五步是通过品牌精神的管理与践行，进一步把企业的品牌精神融入组织行为，融入员工的日常活动中，进而影响利益相关者与品牌消费者的价值观与行为，并努力与之产生精神共鸣与精神依赖。

消费者在各个品牌接触点，通过品牌精神的传播与沟通、企业与员工行为方式的沟通、企业与消费者的互动行为沟通，以及消费者对于品牌相关事宜的主动参与行为的认知，会对品牌精神生成由点到面、由浅到深的系统认知、感受与联想，从而形成有效的品牌精神识别。企业构建品牌精神识别，也需要从公司文化识别、企业家精神识别、利益相关者精神识别和消费者价值观识别等各个层面实施系统规划与设计。

品牌精神在很多层面与企业文化可以协同建设与经营。对企业而言，品牌精神识别与组织文化建设同根同源，密切相关，组织内生并发展完善的文化通常也会发展成为品牌精神的灵魂和核心价值观，并内化于企业的管理模式与产品服务，外化于员工行为、传播的信息中。同仁堂的“同修仁德，养生济世”，泸州老窖集团的“天地同酿，人家共生”，安踏的“永不止步”，都是其中杰出的代表。

数千年间传承下来的优秀宗教、政党、学派等组织，也多数建立了高尚、深邃而系统的理论体系和可以广为流传的核心观点和核心著作，并以求真而持真、求善而行善、求美而审美为核心的价值理念，在组织内和信众中注重精神信仰的统一性、言与行的一致性，以及与外部沟通的长期一致性，以劝善、利他为核心的信众精神价值创造和服务方式，构建了完美的品牌信仰建设与服务模式，也很值得借鉴。老子在《道德经》中阐释的“道法自然”等思想，孔子在《论语》中阐释的“仁者爱人”等思想，释迦牟尼的因缘和合之说，墨子的“兼爱、非攻”思想，也都化为这些伟人及其代表的学派不朽的品牌精神的一部分，并拥有了无数的思想追随者。

五、企业文化

品牌精神与企业文化在企业的价值理念内核上具有内在的一致性，因此探讨品牌精神识别需要深入理解与研究企业文化的内涵与管理模式。

在全球范围内，随着社会、科技与人的发展，企业的管理与经营模式正从以生产为核心的商品管理，转向以市场为核心的客户管理，转向更高层面的以人为核心的文化管理、价值观管理。对于企业而言，最重要的发展因素是人，企业管理的最高境界是文化管理，企业文化正在现代企业发展中产生越来越重要的作用。

（一）企业文化的定义

企业文化是由企业的全体成员经过长期实践，培育形成并共同遵守和信仰的目标、行为规范、价值体系，是指导人们从事工作的哲学观念。

（二）企业文化的内容

对组织而言，企业文化由内向外，分为四个层面的内容：精神文化、制度文化、行为文化、物质文化。

（三）企业文化的意义与价值

（1）企业文化是为一个企业所信奉的主要价值观，是一种含义深远的价值观、神话、英雄人物、标志的凝聚。

（2）企业文化是在企业中寻求生存的竞争“原则”，是新员工要为企业所录用必须掌握的“内在规则”。

（3）企业文化就是传统氛围构成的公司文化，它意味着公司的价值观，诸如进取或是稳健，这些价值观构成公司员工活力、意见和行为的规范。管理人员身体力行，把这些规范灌输给员工并代代相传。

（4）企业文化就是在一个企业中形成的某种文化观念和历史传统，共同的价值准则、道德规范和生活信息，将各种内部力量统一于共同的指导思想和经营哲学之下，汇聚到一个共同的方向。

（5）企业文化是经济意义和文化意义的混合，即指在企业界形成的价值观念、行为准则在人群中和社会上发生的文化影响。它不是指知识修养，而是指人们对知识的态度；不是利润，而是对利润的心理；不是人际关系，而是人际关系所体现的处世为人的哲学。企业文化是一种渗透在企业的一切活动之中的东西，它是企业的美德所在。

（6）企业文化是在一定的社会历史条件下，企业生产经营和管理活动中所创造的具有本企业特色的精神财富和物质形态。它包括文化观念、价值观念、企业精神、道德规范、历史传统、企业制度、行为准则、文化环境、企业产品等。其中，价值观是企业文化的核心。

（四）企业文化的构建模式

第一，企业需要明确未来将要坚持的企业文化导向。企业文化提升方向主要基于未来公司的发展定位。第二，企业需要继承和发扬优秀文化传统，提炼优秀的文化基因。第三，企业需要深入分析并应对组织中存在的企业文化问题，研究问题解决方式。第四，企业应充分借鉴优秀标杆企业文化建设和管理经验，在此基础上构建企业文化理念。

在企业文化建设的总体步骤上，第一步是实施企业文化诊断；第二步是在文化诊断的基础上构建先进的文化理念体系；第三步是构建企业的文化行为体系；第四步是企业文化的管理与落地规划建设，进一步把企业的文化理念要求融入组织行为中和员工的日常活动中。

（五）企业文化的作用

对于企业来讲，文化是组织的“空气”，体现并作用于组织气氛，有神而无形，在企业经营中起着重要的不可替代的作用。

1. 导向作用

企业文化通过优秀的价值观、理念和发展愿景，对每个员工都具有一种强大的精神感召力和工作动力，将员工的思想、行为引导到实现企业发展目标上，促进企业提高发展的效率和效益。

2. 凝聚作用

企业文化通过共同的价值观，使员工产生对工作的责任感、自豪感和使命感，从而增强对集体的认同感和归属感，并使企业的发展愿景与员工求能、求知、求新、求善、求美、求富、求乐的发展愿望得到有效匹配，形成持续发展的动力与合力。

3. 激励作用

在一种“人人受重视、个个被尊敬”的企业文化氛围下，员工的贡献就会及时受到肯定、赞赏和奖励，企业宗旨和经营理念是良好的激励标尺。

4. 约束作用

公司的文化氛围能够以无形的、非正式的、非强制性的方式，对思想和行为进行约束。

5. 协调作用

协调内部员工之间、部门之间的关系，完成工作目标；协调企业和社会的关系，实现“双赢”。

6. 营销作用

优秀的企业文化，有助于增强社会认知和认同，有利于建立良好的企业品牌和产品品牌形象，以及招聘优秀员工、促进产品销售、推动企业的价值成长和永续经营。

六、品牌与企业文化的协同发展模式

品牌精神与组织文化都是企业发展的关键因素，并起着越来越重要的作用。组织管理的最高境界是文化管理，组织经营的最高境界是品牌经营，基于组织品牌与组织文化的内在一致性和外在的统一性，有效地整合企业资源，改善经营模式，促进企业品牌与企业文化的协同发展也将成为重要的企业经营模式。

企业的文化和品牌具有内在一致的组织核心价值基因。内塑文化，可以向内提升组织力；外塑品牌，可以向外提升市场力；企业协同文化和品牌建设可以系统提升组织的核心能力。建立有效的组织文化与组织品牌协同作用与发展机制，组织文化可以长青，组织品牌可以不朽。建设有力的组织文化与组织品牌，协同组织的产品经营有利于组织核心能力的持续提升，在此基础上持续提升包含组织品牌价值在内的整体组织资产，能够有效促进组织的永续经营。

（一）组织品牌与组织文化协同发展的内在机理

组织文化和品牌建设有其发展的共性内在机理，在内容和作用上又各有侧重。其一，对于一个特定的组织，组织文化与组织品牌同根同源，又具有内在的一致性，并从内向外，在核心理念层、制度层、行为层、物质层四个层面具有共同的核心价值基因，并在组织发展中互相影响，共同演进。其二，相对于组织文化更为侧重组织价值属性，组织品牌具有更多的客户价值属性。在物质层面，品牌更为侧重向客户和利益相关者传递企业的功能价值属性，牵引企业向客户提供优秀的产品和服务；在精神层面，品牌更为侧重表达和传递企业价值观、理念和精神，也即企业文化。其三，组织文化中的一些精华和核心价值基因，可以通过有效提炼，形成组织品牌的核心基因，促进企业的市场力量和品牌价值提升。组织品牌中的一些核心价值基因，也会逐步沉淀到企业文化中，促进企业的组织成长和企业运营管理能力的持续提升。

组织文化和品牌建设具有外在的统一性，共同作用，致力于企业的持续价值成长。文化向内，优秀的企业文化建设可以提升企业的向心力、凝聚力、员工服务心态和产品质量控制能力，有效提升企业的组织运营管理能力。品牌向外，有效的品牌建设可以在品牌形象建设、品牌价值提升、品牌精准传播等方面系统提升企业和产品的知晓度、美誉度和忠诚度，有效提升产品价值和产品营销能力，促进企业资产的持续增值。

（二）组织文化与组织品牌的协同发展的内容

对组织而言，组织文化与组织品牌的协同，包含组织经营和市场经营两个方面。在组织经营层面，组织品牌与组织文化由内向外，包含核心理念层、制度层、行为层、物质层四大层面。组织文化与组织品牌的有效协同也涵盖着四个层面。理念层的协同，重在提炼企业发展的核心价值基因，作为组织文化和组织品牌的共同基因。制度层的协同，重在系统梳理、发展和完善组织的文化管理体系和品牌管理体系。行为层的协同，重在组织文化运营和品牌经营层面规范、协调和提升优秀的组织行为模式。物质层的协同，重在组织内部和外部有效建设和管理统一的企业 VI 规范和组织行为，树立鲜明有力的组织形象。

在市场经营层面，组织的业务领域，产品、服务、质量都是关键价值创造要素；随着时代的发展和客户价值需求的变化，文化、安全、环保、创新、诚信也成为组织重要的价值成长要素。这些组织价值要素成为组织文化建设和组织品牌建设的重点，也成为文化和品牌协同建设与发展的关键内容。组织文化建设的内容除了包含组织文化外，还包含了产品文化、服务文化、质量文化、安全文化、创新文化、诚信文化等诸多亚文化。组织品牌建设的内容除了包含组织品牌外，还包含了产品品牌、服务品牌、质量品牌、安全品牌、创新品牌、诚信品牌等诸多亚品牌。在组织的具体职能领域，通过组织文化与组织品牌的协同发展，向内打造职能文化，向外打造职能品牌，有助于建立在细分领域的独特价值属性，创造独特的竞争优势。同仁堂的中医药文化博大精深。在质量管理领域，同仁堂确立了“炮制虽繁必不敢省人工，品味虽贵必不敢减物力”的价值理念，并始终不渝地恪守古训。同仁堂以此向内建立了坚实的质量文化，向外形成了“配方独特、选料上乘，工艺精湛、疗效显著”的质量品牌。同仁堂300年来也因此历经风雨，屹立不倒。

（三）组织品牌与组织文化的协同发展模式

在长期的企业管理与咨询实践中，我们总结和提炼出了系统的组织品牌与组织文化协同发展模式，并在企业中得到成功运用，其方法和流程如下：

（1）系统梳理和规划组织发展战略，确立并持续增强组织的核心能力。

（2）系统梳理和提炼组织的核心价值理念与成功要素，提炼组织成长的关键价值基因。

（3）内塑文化，系统提炼和改善组织文化，打造组织文化的灵魂、个性与价值成长基因。

（4）外塑品牌，系统塑造和提升组织品牌，打造组织品牌的文化、个性和价值基因。

（5）在组织的理念层、制度层、行为层、物质层面协同发展组织文化与组织品牌。

（6）在组织、文化、产品、质量、技术、安全等细分领域，规划与组织实施组织文化与组织品牌的精确协同发展，系统提升组织能力和品牌价值。

（7）精确规划，系统实施组织文化与组织品牌的整合营销传播。

（8）系统提炼企业家的文化理念与管理思想，强化企业家的品牌塑造与形象建设。

（四）组织文化与组织品牌的协同经营与传播

组织文化可以通过组织品牌的协同经营与传播，系统塑造组织的文化品牌，以此重塑或增强组织品牌的核心价值基因。文化品牌是指组织文化在组织经营中逐步形成的品牌化的文化理念、文化内涵、文化形象、文化个性与文化价值。文化品牌代表了企业和消费者对组织的价值观认知与情感归属，是凝结在品牌上的组织文化精华，并有效提升了组织的品牌价值。组织品牌价值和品牌影响力的提升，也有利于组织吸引资金、人才等资源，有利于增强组织文化的向心力、凝聚力与执行力，促进组织管理效率与效益的持续提升。

与组织文化的内部凝聚作用不同，组织的文化品牌更注重组织文化核心价值基因的品牌化塑造与传播；注重整合组织内外部资源，通过系统的、多层次的品牌传播有效传播组织的价值理念与文化价值；重在提升组织与产品形象，提升产业生态系统的文化认同与凝聚力；重在提升产品的文化价值与情感价值，提升客户的品牌偏好与品牌忠诚。对组织而言，文化为魂，品牌为翼，文化与品牌的协同建设与发展，有利于系统增强组织的核心能力，促进组织价值的持续成长。

组织文化的品牌化经营与传播是组织文化与品牌协同的重要内容。卓越的组织品牌多数蕴含着深厚而独特的组织文化内涵，并融合了组织创立者、经营者的价值观、经营理念、产品理念和服务理念。组织在创建品牌个性与品牌形象的同时，也赋予了产品独特的灵魂、文化与个性。组织文化的品牌化传播，组织领导者的形象建设和品牌传播，组织先进人物和事迹的品牌传播，组织产品文化的传播，都将赋予组织品牌独特的文化内涵，为组织品牌铸造独特的文化价值，并在消费者心中建立独特的文化认同和情感认同。

组织文化与组织品牌的协同传播，包含对组织文化的提炼和塑造，组织历史故事的提炼，组织人物的形象塑造，组织产品内涵与功效的宣传，组织对国家、社会和产业生态系统的贡献，客户价值的传播等。电影、电视剧、舞台剧、歌曲、领导人访谈、企业先进事迹文章、企业先进人物宣传等，都是塑造文化品牌的有力手段。

第五章 品牌创造

品牌价值创造是一个在特定时空内持续发展的过程。企业在不同的发展阶段，市场与竞争环境不同，品牌资产与品牌价值及品牌经营态势不同，品牌价值创造的模式也有所不同。企业需要综合分析内外部环境因素、竞争因素、企业的品牌价值与发展现状，结合企业的资源和核心能力发展战略，系统规划和实施品牌价值创造路径与模式。品牌价值创造的三大发展路径中，品牌创建适合于企业做快、做大、做强新品牌；品牌经营适合强品牌企业发展和拓展品牌价值优势，做强和做大品牌价值；品牌资本化运营适合强品牌企业系统经营与提升品牌价值，持续壮大品牌资产。

企业的品牌价值创造，通常包括品牌创建、品牌经营和品牌资产经营三大路径。对于在某领域初创或拥有低价值品牌的企业，品牌创建更为合适，其方法包括品牌自创、品牌代理和品牌购买。对于已经拥有高价值品牌和较好品牌管理运营能力的企业，通过有效的品牌经营，做大、做强品牌价值则更为合适，其方法包括品牌延伸、品牌联合、品牌特许、品牌授权。对于拥有高价值品牌并已建立完善的品牌运营体系的企业，品牌资本运营对于拓展和放大品牌价值更为重要，其方法包括品牌授权和品牌交易。三种品牌价值创造路径是多数品牌自然发展与演进的过程，既相互独立，又是一个互相配合的有机整体。在实际企业经营中，品牌价值创造方法是千差万别的，企业应结合具体情况独立和配合使用，促进品牌价值最大化。

第一节 品牌创建

一、品牌创建概述

企业的品牌体系，从纵向的层次上一般分为企业品牌、事业领域（产品大类）品牌、产品线品牌、产品品牌等。从横向的层次上一般分为产品品牌、服务品牌、质量品牌、文化品牌、诚信品牌等。从品牌发展架构上一般分为单一品牌架构、主副品牌架构、多品牌架构等。遵从企业成长与发展的逻辑，以及中国企业的现实问题和品牌价值创造路径，本节主要围绕公司品牌创建和产品品牌创建展开。

二、品牌创建策略

企业的品牌创建，是一个从简单到复杂的动态发展过程。企业的资源禀赋和发展战略不同，选择的品牌创建发展路径也不同，企业需要根据自身发展策略慎重选择。

品牌自创适合拥有资金、产品技术、制造能力等相关资源与核心能力的企业使用。企业自创品牌有利于企业培育自身的资源和能力优势，打造独特的品牌价值基因和个性化的品牌形象，有利于基于企业核心能力发展的品牌价值的持续成长，有利于企业对于品牌的有效管控与运营。其劣势是品牌价值的塑造、品牌知名度的建立，以及客户认知和偏好的形成需要较长的时间，品牌营销成本也较高。

品牌代理适合缺乏自有产品和品牌资源，但有一定的组织和资金实力，具有销售通路能力和营销优势的企业使用。企业根据目标市场的企业发展战略，通过品牌代理方式可以快速引进和拥有知名的品牌和产品资源，有利于企业扩大渠道和终端的规模与掌控能力，有利于企业快速增长销售额和产品利润，实现企业的快速发展，为未来的品牌建设积蓄力量。

品牌购买更适合拥有较强的资金实力和品牌运营管理能力的企业使用。具有购买价值的品牌一般具有一定的品牌知名度，有的具有一定的忠诚客户群体，有的具有完善的品牌经营体系，企业通过品牌购买，可以快速拥有知名品牌的品牌资产和品牌价值，快速进入目标客户市场，并降低了创立品牌和进入市场的营销成本和市场风险。品牌购买的缺点是，一般情况下知名品牌的价值评估较高，购买代价较大。另外，现有品牌的价值定位与个性形象也可能与企业的品牌战略不符，需要企业投入资源来调整。

（一）品牌自创

近些年来，由于全球范围内的产业分工和产业转移，中国逐步成为世界工厂，在制造业企业的数量，以及产品制造能力和产品制造规模上都居于世界领先地位。但由于许多企业以代工制造、贴牌生产为主，处于产业链的价值底部，企业的制造优势未能有效转化为企业利润和发展优势，企业发展受限。有效打造自有品牌，成为中国企业创造与提升价值、增强持续发展能力的主要出路。

基于中国企业发展态势和比较竞争优势，创建制造商品牌、创建自主产品品牌、创建终端品牌，是中国企业创建与发展自主品牌的三大路径，也是持续创造品牌价值的现实选择。企业可以遵循企业的发展战略，基于企业资源与能力，以一种发展模式为主导；也可以逐步采取几种品牌创建和发展模式相结合的策略，相互促进，协同发展。

1. 创建制造商品牌

创建制造商品牌，第一，企业需要强化产品制造能力，发展规模制造能力，建立制造成本优势。第二，企业需要加强全面质量管理能力，以高产品品质建立客户认知和信任。第三，企业需要提高客户反应速度和产品定制能力，提高产品解决方案供应能力，增强客户消费黏性。第四，企业需要增强产品研发设计能力，发展特有技术和产品，创造制造领域的不可替代的独特竞争优势。技术、品质、规模、管理能力等核心价值要素的持续创造，有利于发展优秀的制造商品牌，并促进企业制造价值的持续成长。

2. 创造自主产品品牌

企业自主产品品牌的创造有两种方式：一种是企业依托自身的技术和制造能力，自主生产产品，逐步发展自有品牌。企业经营的重点包括产品研发、生产与品牌营销、市场销售。另一种是企业依托中国制造企业众多、制造能力冗余、产品采购成本低的优势，通过代工贴牌的方式创建和发展自有产品品牌。企业经营的重点在于产品的品牌建设与营销推广，以及终端营销。

中国企业品牌的现实发展路径，一种是区域市场发展策略，集中企业的有限资源，在重点区域实施品牌营销和终端建设，塑造区域强势品牌，抢占区域细分市场，然后在其他区域复制发展，滚动扩张，逐步发展为全国品牌。另一种是直接面向全国市场的品牌经营策略。企业高举高打，投入大量宣传费用实施品牌营销，在央视、省级卫视、新浪网等强势媒体上大量推出品牌广告以建立全国市场的品牌知晓，在全国范围内招募经销商，拓展销售通路，实施品牌经营。

自主产品品牌的创建模式，包括产品大类品牌创建、产品系列品牌创建、产品品牌创建和公司品牌创建四个方面，系统构成企业的产品品牌发展和管理体系。

3. 创建终端品牌

终端品牌的创建策略，一是基于企业内外的制造优势，打造产品品牌终端；二是基于客户解决方案，打造专业品类终端；三是发展特许经营连锁品牌。

产品品牌终端建设，主要是企业依托自身的产品制造优势，或者依托国内产品制造优势，结合企业品牌和产品品牌建设，大力创建和发展品牌销售终端，通过连锁化发展和规模经营发展品牌。美特斯·邦威建设的青少年时尚终端品牌，李宁、安踏仍在大力发展的运动服装品牌销售终端，都是此类发展模式。

专业化终端的品牌建设，主要是企业针对特定品类的客户需求，发展专业的品类产品终端，为客户创造多样化选择和完整的销售服务，借助中国庞大的人口基数和市场需求，通过发展终端连锁，打造规模优势创建终端品牌，获得快速发展。国内的国美、苏宁在家电市场，东方家园、居然之家在家居市场，都是这样的品牌建设模式。福建的惠好药业，在药价虚高时期通过平民药店、平价药品的品牌形象切入市场，获得良好的发展。目前惠好已发展成为在福建市场具有良好品牌口碑的惠好医药连锁企业，在拓展和巩固省内市场的同时，正筹划在全国市场的扩张。

特许经营品牌建设，主要是企业依托特色的产品和服务，发展专业化的连锁经营体系，通过基于专业化产品的规模扩张建设品牌。海底捞火锅店的扩张就很有特色：内塑企业文化，创建了人本导向和客户价值导向的企业文化；外塑品牌，为客户提供优秀产品和丰富的附加服务，创造出色的客户消费体验，并取得了良好的发展。万达的影城连锁也是这种发展模式。

（二）品牌代理

1. 品牌代理的概念

品牌代理是指企业通过合同约定，获得品牌所有者、品牌特许机构、品牌授权机构的品牌代理权，在特定范围、特定时间和特定领域实施品牌经营的发展模式。品牌代理主要包括参与品牌特许经营和参与品牌授权经营等品牌经营方式。

对于部分缺乏知名品牌和品牌运营管理能力的中国制造企业，采用品牌授权的经营模式，获得高知名度的品牌以实施品牌经营，是一种较为高效和快捷的企业发展路径。运用知名品牌授权可以提升产品价值，增强自身产品的竞争实力和利润创造能力；可以增强销售通路建设，扩大产品销量；可以在品牌经营和管理能力提升的基础上推动自创品牌的建设和发展。

2. 品牌代理的优势

企业通过品牌代理可以快速拥有一个被消费者所认知的知名品牌。借助知名品牌的经营理念与经营模式、品牌价值，以及品牌知名度和个性化的品牌形象，企业可以有效提升自身产品的价值和品牌知名度；企业可以以较低的成本、较快的速度、较低的风险进入市场，并被市场接受，使企业实现快速发展。

品牌代理具有下列企业利益：

（1）通过授权品牌扩大企业产品的消费者认知。

（2）通过授权品牌提高产品价值，获得品牌溢价，增大销售额，扩大企业利润。

（3）通过授权品牌共享品牌企业的品牌营销资源，降低品牌营销成本。

（4）通过授权品牌增强渠道和终端商的发展能力，扩张销售通路的规模和能力，发展与消费者更广泛的接触渠道，增大产品销售量，积累资金和资源优势。

（5）借助授权品牌的影响力增加企业外销产品的贸易认可。

（6）借助品牌企业的资源支持在组织建设、品牌经营、产品管理等领域持续提升发展能力，带动企业自有品牌的建设和发展。

3. 品牌代理的发展策略

（1）慎重选择代理品牌。品牌代理经营的成功，首先是品牌选择的成功，企业需要慎重选择代理品牌。第一，企业需要认真考察品牌授权企业的经营能力、管理能力、资金实力、品牌的知名度与市场影响力；第二，企业需要认真考察品牌相关产品的品质和市场口碑，品牌消费群体对于品牌的认可情况；第三，企业需要认真考察品牌授权企业在品牌运作方面的投入，以及其对于品牌代理企业的运营支持和监督管理状况；第四，企业要认真考察品牌代理商的经营情况和盈利情况，并实地探访一些经销商和消费者，获得一手的感性信息。细致的品牌调研，有助于企业选择品牌价值高、品牌运营管理能力强的品牌授权企业和品牌，有助于品牌代理经营的成功。

（2）充分利用授权品牌的资源。品牌代理成功的关键也在于对品牌授权企业资源与经验的有效利用。第一，企业需要充分利用品牌授权企业的资源，在品牌授权的经销范围、产品领域、授权期限、支持方式等方面争取更多的资源和利益；第二，企业需要争取授权企业专业团队的支持，高效利用品牌授权企业在品牌管理制度、流程和运营上的发展经验，系统提升自身品牌经营团队的经营和能力；第三，企业要积极参与和支持授权品牌企业在全国市场的品牌推广与宣传活动，在目标市场的品牌营销上要注意与授权企业协同实施，以有效降低营销成本；第四，企业要高效应用授权企业已有的终端管理经验，在品牌终端的店面选址、店铺建设、产品陈列、促销策略上先系统学习，再巩固提升，再创新发展、灵活运用，以有效提升终端经营管理水平。

（3）系统提升品牌价值创造能力。企业需要充分利用授权品牌的价值提升产品价值。在授权领域内，企业可以结合发展战略确定发展方向，通过自主生产以及贴牌生产的方式，在特定领域内做广产品种类、做宽产品档次、做多产品款式、做大产品数量，形成品牌产品的规模效应。企业可以配合品牌企业的品牌经营，在目标市场加强品牌传播力度，强化品牌知名度，提升品牌产品溢价。企业可以依托强势品牌拓展渠道终端的规模和激励模式，做大品牌产品的销量。在品牌产品的销售额和利润两个方面实现品牌价值最大化。

（4）系统发展企业的综合实力。企业需要依托强势品牌加快发展速度，系统发展企业的综合实力。代理品牌的主要优势在于拥有强势品牌的市场和资源支持，有利于企业在较短的时间在品牌经销领域做大做强。企业需要加快做大产品的规模，加快做大渠道和终端建设的规模，加快做大企业品牌经营团队的规模。同时，企业需要做强企业品牌经营的能力，做强产品发展与制造管理能力，做多与做深客户关系。两个方向的系统努力，有助于企业将代理强势品牌的优势转化为企业的规模优势和能力优势，为企业的快速发展和未来的品牌建设积聚力量。

第二节 品牌经营

一、品牌延伸

（一）品牌延伸的概念

品牌延伸（brand extension）是指在已有相当知名度与市场影响力的品牌的基础上，将成名品牌运用到新产品和服务上，以期减少新产品进入市场风险的一种策略。它可以增加新产品的可接受性、减少消费行为的风险性，提高促销性开支使用效率，以及满足消费者多样性需要。

科普菲尔（Kapferer）把品牌延伸分为相关延伸（持续延伸）和间断延伸；而凯文·莱思·凯勒把品牌延伸划分为线延伸（line extension）和大类延伸（category extension），这两种品牌延伸方式的意义基本一致。线延伸（相关延伸）是指特定品牌在同一产品大类中拓展到新产品中，而大类延伸（间断延伸）是指特定品牌从原来的产品大类中拓展到另一个不同的产品大类。

（二）品牌延伸的关键因素

品牌延伸的关键因素包括相似度、品牌内涵、产品风险和用户创新倾向四个维度。

（1）相似度是指企业品牌与业务品牌的品牌形象在生产技术、制造能力、用户使用情境等层面的相同程度。

（2）品牌内涵是指企业品牌和业务品牌在功能与情感两个层面的匹配程度。

（3）产品风险是指用户对使用该品牌产品时可能遇到的麻烦的直觉判断。用户的判断依据既包括用户对该品牌安全性、可靠性的信赖程度，也包括该产品的技术复杂程度。

（4）用户创新倾向是指用户愿意尝试和冒险的程度，以及接受新技术产品与新品牌的意向。

（三）品牌延伸的三大策略

品牌延伸的三大策略，包括基于品牌功能价值的品牌延伸模式、基于品牌情感价值的品牌延伸模式和基于品牌观念价值的品牌延伸模式。组织在品牌延伸中，无论是时间、空间的变迁，还是多品类拓展因素的影响，保持品牌核心价值定位的长期稳定性，以及个性价值形象的一致性和时间延续性，保持品牌目标消费群体的关联性和一致性至关重要，这样才能在品牌延伸中持续增强品牌的价值和力量。

1. 基于品牌功能价值的品牌延伸

基于品牌功能价值的品牌延伸，主要指企业依托在品牌功能价值方面建立的核心能力和品牌价值，以创造和满足客户功效价值为核心，通过创造和发展客户的一致性功效价值体验实施品牌延伸。其内容包括基于产品成分的一致性的品牌延伸、基于产品技术共通性的品牌延伸、基于产品品类相近性的品牌延伸和基于营销模式相近性的品牌延伸。

（1）相近的成分与功效。宝洁的“多芬（Dove）”品牌的品牌延伸模式，是基于产品成分和功效的品牌功能价值延伸。宝洁的“多芬”品牌最初是专注于护肤品的品牌，目前已经成功延伸到头发护理和包括除臭剂在内的其他产品领域。“多芬”品牌延伸的成功之处在于它认识、保持并有效传递了自己的产品的价值特性——蕴含滋润的牛奶成分，并将自己定位在一个以“柔软而光滑”为核心品牌价值基因的品牌发展平台上。“多芬”将自己的除臭剂定位为让腋下感觉到“柔软而光滑”。只有在那些“柔软而光滑”和“蕴含滋润的牛奶成分”这些品牌特别资产能关联到的领域，“多芬”品牌才会实施品牌延伸。

云南白药公司基于云南白药原料优势和云南白药在止血功效方面的品牌知名度与美誉度，发展内含云南白药成分、具有止血疗效的系列产品，包括云南白药牙膏和云南白药创可贴，取得了良好的市场效果。

（2）共通的技术。企业通过发展核心技术塑造技术品牌，通过统一技术品牌的产品实施品牌延伸，也是合适的品牌延伸方法。日本本田公司在发动机研发制造领域建立了可持续的核心竞争能力。依托本田发动机领域的技术品牌形象和核心能力，本田实施了有效的品牌延伸，相继进入船用发动机市场、除草机市场、摩托车市场、汽车制造市场等。

（3）相近的产品品类。门类接近、关联度较高的产品可共用同一个品牌，有利于客户在产品研发、制造、生产、销售、服务等方面建立专业认可和信任，并有助于建立行业专家的品牌联想。同品类品牌延伸的要点是企业应结合企业发展战略，从客户解决方案的系统规划品牌延伸，努力从发展消费者个人应用解决方案；发展家庭应用解决方案、企业应用解决方案的角度创新产品发展思路，形成基于客户价值的品牌延伸，并重新梳理和规划品牌的价值定位和品牌形象，通过有力的品牌建设牵引企业产品品类的系统发展和价值创造。

联想集团在业务拓展中，主要围绕消费类 IT 电子产品实施品牌延伸，联想品牌的产品，从个人电脑台式机逐步拓展到笔记本电脑、服务器、打印机、投影仪等，有助于消费者在 IT 电子产品领域的产品应用上打造系统的个人应用解决方案、家庭应用解决方案和办公应用解决方案，并共享消费和服务的便利性，是相对稳健的品牌拓展方式。

（4）相近的营销服务模式。品牌相关产品具有相似的营销通路和服务模式，有利于客户在消费和服务便利性上建立一致性的品牌认知，也适合品牌在相关产品领域实施品牌延伸。如国美、苏宁等企业最初同为家电卖场品牌，近年来它们依托终端规模和客户关系优势，已将产品销售领域由最初的家用电器延伸到IT电子消费品和手持通信产品，逐步发展成为3C（电器、电脑、通信）卖场品牌。

2. 基于品牌情感价值的品牌延伸

基于品牌情感价值的品牌延伸，主要指持续发展在品牌情感价值方面的核心能力和品牌价值，以创造和满足情感价值和情感体验为核心，实施品牌延伸。其内容包括基于消费者情感认同和情感关系的品牌延伸、基于消费者群体情感认同的品牌延伸和基于目标消费人群一致性的品牌延伸。三者相互独立存在，也具有一定的内在联系和相互作用。

基于品牌情感价值的品牌延伸，其成功的关键是：品牌的情感价值定位要与品牌消费群体的情感价值追求相契合；品牌价值属性要与品牌消费者的品牌价值体验相契合；品牌的个性形象要与品牌消费群体的形象具有一致性，易于产生一致的品牌联想和群体认同。

（1）相近的消费群体认同。品牌的情感价值，主要是消费者对于品牌的情感价值认同与情感关系，以及品牌消费者群体之间产生相近的情感价值认同与情感归属。品牌在一定程度上成为一种群体符号标识，消费者拥有同一品牌可以提供一种共同的身份认知，一方面有助于在情感层面创造自我价值认可与自我实现的满足；另一方面可以通过共同的消费模式和生活方式，在共同的消费群体中建立情感认知和情感归属，产生族群效应。

企业可以在产品材料、品质、档次、使用者身份、品牌文化价值等方面整体规划，系统塑造高档品牌的情感价值形象，在长期经营中努力保持品牌形象一致性、文化内涵一致性、产品档次一致性、产品价格档次一致性和消费人群一致性，促进目标消费群体的深度品牌情感认同，实施有效的品牌延伸。

（2）泛化的消费群体认同。企业也可以以统一的品牌价值理念和情感价值形象为主导，泛化品牌的情感价值，扩大消费者群体情感认知的内涵，通过更为广泛的品牌延伸发展更广泛的目标消费人群。

海尔目前的品牌核心价值之一是基于情感价值层面的“真诚到永远”。海尔以“真诚”主导的品牌情感价值形象具有较强的泛领域包容力，海尔品牌家电系列产品在国内中高档品牌的价值与价格定位也易于在广泛产品领域获得其产品消费者的群体价值认同。这也是海尔品牌从冰箱延伸到彩电、空调、热水器等几十种家电产品，且获得一定成功的重要因素。在家电领域之外的产品，海尔如果不能有效建立在泛消费者群体内中高档品牌的价值定位与个性价值形象，其品牌延伸的效果就值得担忧。

在品牌建设方面，海尔目前欠缺的一是集团层面的品牌观念价值的塑造，对于目标消费群体在价值观和生活理念的引领；二是缺乏在产品大类领域建立差异性的品牌价值定位与品牌价值形象建设；三是缺乏高端品牌的系统塑造和发展，以有效提升海尔整体的品牌档次。这些也是海尔未来品牌建设的重要领域。

浙江的“好孩子”集团从制造童车起步，并为沃尔玛等海内外企业代工生产，产品畅销国内外。企业在做大规模后创立了“好孩子”童车品牌，通过创新款式、坚守品质在国内市场获得成功。近年来，依托在童车领域建立的童车专家的品牌形象和广泛的消费者认知，“好孩子”集团在儿童用品领域实施品牌延伸，系统发展儿童用品品牌。其陆续推出了“好孩子”品牌的童装、纸尿裤等产品，并取得了一定的成功。

3. 基于品牌观念价值的品牌延伸

基于品牌观念价值的品牌延伸，主要指企业系统塑造品牌的观念价值，建设个性化的品牌价值形象，创造目标消费者深度的价值观认同和个性化品牌价值体验。在此基础上，企业以观念价值为核心实施品牌延伸，发展体现消费者价值观，以及个性化生活态度、生活方式的系列产品。

企业的品牌价值观，很多时候也体现人的价值观，表达人的道德追求、个性追求、生活理念，以及态度和情感。精心塑造的品牌价值观，有助于品牌消费者实现个性价值的表达、认同与自我满足，获得良好的品牌价值体验；有助于促进消费者的深度品牌价值认同和品牌忠诚。品牌观念价值的高度、独特性、包容性，与目标消费者价值观的契合性，是品牌延伸的关键成功因素。

（四）品牌延伸的优势与劣势

品牌延伸的优势，一是企业的新产品能够利用消费者对原有品牌的认知，从而使消费者较容易接近新品牌并接受此定位所传达的不同信息；二是企业的新产品可为品牌现存产品线带来新鲜感，为该品牌的消费者提供更加完整的选择；三是品牌所包含的各产品之间可以相互促进，能够提高支持整体品牌家族的投资收益，有利于企业创建统一的品牌形象。

品牌延伸的劣势，一是如果新产品与原来品牌的定位差距过大，容易导致企业品牌形象的混淆；二是新产品如果无法体现出原有品牌的价值属性和个性特点，消费者可能无法接受；三是过度的品牌延伸，尤其是跨越目标消费群体消费范围和消费层次的品牌延伸，有可能削弱原有品牌的价值，降低原有品牌忠诚消费群体的品牌认同，造成难以弥补的品牌伤害。对此，企业在实施品牌延伸时尤其要予以注意。

二、品牌联合

20 世纪 80 年代以来，品牌联合在企业的品牌管理实践中得到了越来越广泛的应用。麦肯锡公司1994年的一项研究表明，全球范围内实施品牌联合的品牌数量正以年均40的速度递增。有效的品牌联合策略，也是增强企业品牌价值经营能力和创造新品牌价值的重要手段。本节以品牌功能价值匹配的品牌联合、品牌情感价值的品牌联合和品牌观念价值匹配的品牌联合为主题，探讨发展新的品牌联合策略，以更好地增强企业的品牌价值创造能力。

（一）品牌联合的定义

品牌联合是指分属不同公司的两个或更多品牌的短期或长期的联系或组合。品牌联合主要表现为在企业产品或服务中使用了两个或多个品牌名称或标识等。

（二）品牌联合的内在机理

研究证实，品牌联合具有但不限于下列内在机理：

（1）合伙品牌对品牌联合贡献的相对大小取决于合伙品牌的相对地位。

（2）合伙品牌对品牌联合的相对贡献取决于合伙品牌的相对知名度。

（3）主导品牌感知质量越高，其自身传递质量信息的能力就越强，修饰品牌所提供的额外的质量信息所起的作用就越有限。

（4）消费者先前对每一个合作品牌的态度会直接影响消费者对品牌联合的评价。合作品牌在联合之前品牌声誉越高，消费者对品牌联合的评价就越高。

（5）品牌匹配性越好，消费者对联合品牌的评价越高。一个知名的主导品牌与具有低知名度、高匹配性的修饰品牌的联合，相较于与高知名度、低匹配性的品牌的联合，会有更好的评价。

（6）品牌联合会使消费者对高质量合作品牌的情感向低质量合作品牌转移。

（三）品牌联合的策略

品牌联合是一种重要的品牌资产经营方式。企业间实施品牌联合的主要目的在于借助其他品牌所拥有的品牌资产与品牌价值以产生协同效应，以提高本品牌的品牌价值、改善品牌形象，或强化某种品牌特征，进而影响消费者对品牌和产品的态度，进而增加消费者购买意愿，促进产品销售。

1. 品牌功能价值匹配的品牌联合

这类品牌联合基于客户功效价值需求的满足，品牌之间的功效价值方面需要有一定的相似性，可以产生协同关系，共同提高联合品牌的功效价值。

第一层面是作为零部件供应商与产品厂商的品牌联合方式。供应商品牌与产品品牌的价值和品牌影响力一般有所不同，客户会将一方的品牌价值属性的认知和品牌联想转移到合作品牌中，协同提高双方品牌，以及整个产品品牌的价值。

Microsoft、Intel、杜邦的莱卡品牌，都是供应商产品而非客户最终使用产品。

它们都探索出了独特的中间品牌的建设和发展、运营模式，并都通过与产品厂商的品牌联合取得了巨大成功。联想、方正等品牌的个人电脑上标注有“Intel Inside”品牌标识、“Windows”品牌标识等，都是典型的品牌联合经营模式。

第二层面是基于业务合作的品牌联合方式，通过品牌联合为客户提供组合的产品和服务。中国邮政与淘宝网合作开展网络购物的物流业务、中国移动与民生银行的联合促销，都是典型模式。

第三层面是产品品牌与终端品牌的合作联合，通过联合扩大双方在终端的品牌影响力，并增强终端及品牌产品的销售能力。麦当劳与可口可乐的品牌联合，肯德基与百事可乐的品牌联合，国美与海尔的品牌联合，宝洁与沃尔玛的品牌联合，都是这种模式的代表。

第四层面是股权层面的品牌合作方式，双方以品牌联合建立新品牌，通过品牌联合提高企业创造客户价值能力，提高客户价值。如由索尼公司和爱立信公司联合生产的手机使用“Sony Ericsson”作为品牌名称。

2. 品牌情感价值匹配的品牌联合

这类品牌联合基于客户情感价值需求的满足。双方品牌在个性形象与客户情感联系上具有相似性，双方的目标消费群体在情感价值认同上具有相似性。品牌联合可以产生客户情感价值和关系价值的协同关系，激发客户的品牌价值联想，增强双方品牌与客户之间的情感关系。客户也不易产生抵触情绪，有利于共同提升联合品牌的价值。

Nike 与 iPod 产品在市场层面协同营销，其品牌联合的基础在于双方品牌的品牌价值形象较为相近，并与目标客户群体价值取向（追求运动、科技、创新和自我表现的生活）具有一定的一致性，两者的客户群体也有较大的一致性和重合度。品牌联合有利于提升双方品牌的价值。

3. 品牌观念价值匹配的品牌联合

这类品牌联合基于客户个性价值需求的满足，强调与客户之间观念价值的认同，以及价值理念的相似性、个性价值的匹配性。品牌联合可以产生基于观念价值匹配的协同关系，增强客户的个性价值认同和价值体验，有利于共同提升联合品牌的价值。

安踏建立了“永不止步”的品牌价值理念和品牌宣传语，与中国大学生篮球联赛(CUBA)所倡导的拼搏进取精神是相互匹配的。青少年运动爱好者也是安踏的重要目标客户群体。安踏赞助中国大学生篮球联赛，是有效的品牌联合模式。

三、品牌特许

（一）品牌特许的定义

品牌特许经营是指品牌特许者将自己所拥有的商标、商号、产品、专利和专有技术、经营模式等以经营合同的形式授予被特许者使用，被许可者按合同规定，在特许者统一的业务模式下从事经营活动，并向经营者支付相应的费用。品牌特许商授权给经营人的是产品或服务，以及一整套的经营管理模式。

（二）品牌特许的内容

品牌特许经营一般有两种模式：商品商标型特许经营和经营模式型特许经营。

1. 商品商标型特许经营

品牌特许企业授权加盟商对特定商品和商标进行商业开发，特许人保留商标所有权。例如，可口可乐、百事可乐、李宁、娃哈哈、一汽大众等属于商品商标特许经营。

2. 经营模式型特许经营

品牌特许企业授权加盟商使用其商标、经营方式等，并在限定的期限和地域内进行商业经营，特许人提供运营体系方案和运营支持。其包括工作型特许、业务型特许和投资型特许三种方式。麦当劳、肯德基、7-11 等公司采用经营模式特许经营。

品牌特许经营具有如下要素：

（1）实现所有权的分散和经营权的集中。

（2）核心是品牌特许权的转让，特许授权合同是经济关系纽带。

（3）整个品牌特许体系的品牌和经营模式高度统一，协同运作。

（4）通过提升单店价值和规模效应做大做强品牌，创造体系价值。

（三）品牌特许经营的优势

品牌特许经营的核心优势是所有权与经营权的分离。对于特许经营企业而言，通过品牌特许经营，可以复制产品、品牌与经营模式，以有限的资本运营与管理更多的资源和资本，实现技术、产品与品牌价值的迅速扩张。对于加盟商而言，通过品牌特许经营，可以在保留所有权的前提下加入品牌知名度高、产品和经营模式及服务支撑成熟的连锁经营体系，获得稳健收益。对于客户而言，品牌连锁经营机构的产品和服务质量更有保障，更有利于降低客户的产品检索和消费成本，增强客户的消费价值体验。

（四）品牌特许的特点

特许经营的特点主要有形象与品牌、产品供应、运作系统与标准、管理、利润与营业额及业务模式能被复制等。

（五）品牌特许经营的八大成功要素

发展成功的品牌特许经营是个长期努力的过程，企业需要在产品与服务、发展模式、价值创造能力、体系经营能力、加盟店管理与支持能力、品牌营销等各方面实施系统提升，持续完善。

品牌特许经营管理的八大成功要素如下：

（1）系统规划具有持续价值创造能力的品牌特许经营模式。

（2）发展专有技术，建立具有差异化的客户价值的产品和服务。

（3）加强样板店、自营店的管理与发展。

（4）建立完善的品牌特许经营管理体系和制度。

（5）建立有吸引力的加盟商招商策略与甄选机制。

（6）建立有效的开店辅导和运营支持机制。

（7）增强对加盟店的管理和督导，提升其价值创造能力。

（8）强化具有持续性的特许经营体系的品牌营销能力。

（六）品牌特许的经营与管理

企业发展品牌特许经营，需要系统筹划，在战略、组织、制度、流程、执行各环节统一组织，稳健有序运营。企业还需周密规划每一阶段项目发展的资源配置重点、市场开拓重点、业务经营的重点和组织建设重心，循序渐进，以确保资源利用的效果和效率。

1. 特许经营的创建模式

特许经营的单店经营业绩，以及整个体系的规模都是持续发展的重要因素。在特定区域加快店面发展速度和加大店面数量，合理增加区域覆盖密度，可以有效地增强消费者接触，扩大品牌认知和品牌体验，并有助于整个体系的品牌价值成长和经营业绩提升。

2. 特许经营的实施步骤

实施品牌特许经营包括七大步骤，包括规划特许经营项目的投资计划与预算方案，建立样板店，构建并推广特许经营品牌，建立连锁加盟体系，招募与甄选特许经营加盟商，培训、指导加盟商的建店与特许经营，对加盟店实施日常管理。

四、品牌授权

（一）品牌授权的概念

“品牌授权”又称“品牌许可”，是指授权者将自己所拥有或代理的商标或品牌等以合同的形式授予被授权者使用；被授权者按合同规定从事经营活动（通常是生产、销售某种产品或者提供某种服务），并向授权者支付相应的费用——权利金；同时授权者给予人员培训、组织设计、经营管理等方面的指导与协助。

品牌授权企业一般实施轻资产经营模式，其发展战略的重心是：持续创造品牌价值；加强品牌沟通，持续提升品牌形象和品牌知名度；保持授权产品与品牌形象的内在关联和一致性；创新品牌授权方式；增强品牌授权拓展能力；以及对品牌授权体系实施有效的管理。

品牌授权企业和品牌被授权商实施错位经营，共赢发展；一般不建立品牌商品的生产制造实体，不建立品牌特许所需拥有的整套经营管理体系，不发展品牌零售终端体系。

品牌授权的相关名词解释包括下列内容：

（1）品牌授权商。拥有授权品牌产权的公司，如迪士尼公司等。

（2）品牌代理商。品牌授权商指定的，全权代理某一地区授权业务的公司。如中国动力有限公司曾是意大利 KAPPA 品牌在中国大陆地区的授权代理商。

（3）被授权商。获得品牌授权商授权在合同约定范围内使用其品牌的公司。

（二）品牌授权的内容

品牌授权的主要价值是授权企业及产品的品牌知名度和品牌价值形象。品牌授权方式可以是在产品中迅速植入品牌的价值基因和个性品牌形象，迅速建立消费者的品牌形象认知和消费群体认同，促进产品销售。

品牌授权的种类较为广泛，第一类是企业品牌授权、产品品牌授权；第二类是电影、动画漫画形象、网络游戏形象品牌授权；第三类为体育组织、运动队和运动员形象授权；第四类为历史、地理、人文、建筑的形象授权。品牌授权的商品类别依据授权品牌的特点而有所不同，服饰、玩具、文具、礼品等大众消费品是作为品牌的物质载体为消费者接纳，适合应用授权品牌策略。目前品牌授权产品的开发日益丰富，品牌授权的经营范围也日益扩大。

品牌授权包括但不限于下列内容：

（1）企业品牌授权。

1）食品饮料品牌。如可口可乐、麦当劳、百事可乐、百威等。

2）服饰品牌/服装设计师品牌。如阿玛尼、皮尔卡丹、梦特娇等。

3）汽车品牌。如吉普、奔驰、捷豹、克莱斯勒等。

4）其他。

（2）影视、动漫、网络游戏品牌授权。包括所有与娱乐相关的智慧产品、娱乐界知名人士相关的授权。

1）电影动画类。如迪士尼——海底总动员、星际宝贝、小熊维尼、白雪公主、米老鼠、唐老鸭等，梦工厂的史瑞克、蜘蛛人等。

2）电视动画类。如中国的蓝猫、喜羊羊等。

3）漫画形象类。如史努比、加菲猫、格林童话等。

4）网络游戏形象。如太空战士 Final Fantasy RPG、古墓丽影的劳拉、音速小子等。

5）文化、艺术形象。如奥黛丽赫本、披头士、猫王等。

6）杂志书刊品牌。如 Playboy、Elle 等。

7）艺术品品牌。如故宫名画、罗浮宫藏品、毕加索 Picasso 画作等。

（3）运动品牌授权。如奥运会、世界杯、NBA、曼联、迈克尔·乔丹等。

（4）历史、地理、人文、建筑、组织形象授权。如鸟巢、水立方、故宫、少林寺、峨眉山、北京大学、牛津大学等。

（三）品牌授权的方式

品牌授权的方式一般有商品授权、促销授权、项目授权和终端授权等方式。授权商与被授权商可以遵循惯例或者创新设计可行、可控、可发展的品牌授权方式。以下为四种主要的品牌授权方式。

1. 商品授权（merchandising licensing）

被授权商可以在商品的设计开发上运用授权品牌的商标（logo）、人物（character）及造型图案（design），并取得销售权。例如，迪士尼公司授权天利玩具有限公司生产销售小熊维尼的室内飞行玩具。

2. 促销授权（promotion licensing）

（1）促销赠品授权。被授权商可以使用授权品牌的商标（logo）、人物（character）及造型图案（design），与自己的促销活动结合，规划赠品，促进公司产品销售。例如，购买宝马汽车赠送惠普笔记本。

（2）图案形象授权。被授权商可以运用授权品牌的商标（logo）、人物（character）及造型图案（design），与促销活动结合，规划主体广告、创意主题活动，达到促销目的。例如，北京奥运会开幕前后，奥运标志图案经常出现在企业的媒体宣传和终端促销宣传活动中。

3. 项目授权（object licensing）

被授权商可运用所授权品牌之所属商标、人物及造型图案为主题，策划并经营主题项目。

4. 终端授权（terminal licensing）

被授权商可加入做授权品牌的连锁专卖店和连锁专卖专柜，统一销售授权品牌的商品。

（四）品牌授权的拓展模式

品牌授权的拓展模式，第一是宽地域扩张，扩大品牌影响区域，以及品牌授权的经销范围和经销渠道，增强品牌产品以及营销终端在消费者中的接触点和覆盖能力；第二是广领域扩张，扩大品牌授权产品的种类和范围，增强消费者的品牌价值体验空间。合理的品牌拓展模式，可以系统提升品牌影响力，增强品牌价值创造能力，扩张企业的品牌资产。

品牌授权的宽地域扩张，首先是拓展品牌的空间范围，持续拓展品牌影响区域和品牌消费者规模；其次是有效传播品牌的价值和个性形象，通过创新传播方式和传播密度增强与消费者的品牌沟通，扩大消费者的品牌认知；最后是扩大品牌的经销范围和销售渠道，扩大品牌授权产品与消费者的接触点和消费终端数量与质量，增强消费者包括消费便利性在内的品牌消费体验。

品牌授权的广领域扩张，第一是根据品牌价值定位和品牌价值形象确定目标消费群体；第二是通过品牌授权开发与企业品牌价值属性结合紧密的特定领域的相关系列产品，扩大品牌消费者的形象认知和群体认识，并壮大经销渠道；第三是拓展品牌授权范围，扩张产品发展领域，丰富产品种类。基于品牌的情感认知和群体认同，发展消费者族群效应。在特定市场，企业利用同一品牌的多品类发展和多产品覆盖，建立品牌产品和品牌终端的规模优势，实施市场密集渗透，可以有效提升品牌影响力，也有助于促进品牌价值的良性自我发展与增值。

（五）品牌授权的管理

品牌授权的管理，包括品牌授权品类的管理、授权商品品质的监督和管理、授权商品经营范围的管理。品牌授权成功经营的关键，一是完善和增强对于被授权商的经营能力和资质的初审和持续运营的监督与审核，避免无审核授权和盲目扩张；二是增强对于授权产品生产品质的监督，确保产品品质，避免出现品牌的质量危机；三是完善对于品牌授权商品经营种类的控制，与在特定领域有实力的厂商合作，确保特定领域品牌授权商品的经营成效；四是完善对于品牌授权商品经营区域范围和授权时间的管理和控制，避免出现渠道冲突和恶性价格竞争；五是完善品牌授权企业的组织、制度和流程建设，通过品牌授权经营能力的持续提升系统增强品牌价值创造能力。

第三节　品牌资产经营

一、品牌资产经营的概念

品牌资产经营是企业通过品牌资产的经营管理，以品牌融资、品牌投资、品牌交易等方式对品牌资产进行优化配置的一种新型经营管理模式。系统规划品牌资产经营、建立有效的品牌价值评估模式、品牌资产计入财务报表、品牌资产计价入股等方式，是企业有效经营品牌资产经营的重要发展策略。

品牌资产融资是指企业可以利用品牌资产实施质押贷款、吸引投资、上市融资。品牌资产投资是指企业可以利用品牌资产参与投资、合资、并购。品牌资产交易是指企业可以利用品牌资产实施品牌购买、品牌转让、品牌出售等。

二、品牌资产经营的原则

（一）强化对品牌资产、知识产权等无形资产的保护与管理

企业应高度重视企业商标，以及专利、版权、域名、专有技术等其他重要无形资产的管理和法律保护工作。第一，要加强相应的组织和制度建设；第二，要加强商标和专利技术等的注册和法律保护管理，致力于全球化发展的企业，也应加强相应的海外注册和法律保护工作；第三，要重视品牌、知识产权等无形资产的价值评估。以此实现有序管控，稳健发展，系统提高企业创造、运用、保护和管理品牌资产等企业无形资产的能力和效益。

联想在全球范围内将英文标识从 Legend 换为 Lenovo，一个重要的原因就是解决海外国家的商标纠纷问题，建立全球统一的品牌标识，促进联想品牌的全球化发展。

（二）品牌资产与有形资产的组合运营

企业的品牌资产一方面具有相对独立价值，另一方面也在一定程度上与企业，企业产品，企业的研发、生产、供应链、营销体系等有机结合。在品牌资产运营中，将品牌经营独立运营，或者将品牌资产与企业的有形资产组合运营，有助于创造更多的品牌资产价值。

（三）有效利用品牌资产的时空价值

随着社会与经济文化的发展变化，以及企业和产品价值创造能力的变化，企业的品牌也具有生命周期的特点，企业的品牌资产也具有生命周期的发展变化，在不同的时间和空间内，社会公众和客户对品牌的价值认知不同，具有上升下跌的时效性特点。企业在品牌资产经营过程中要根据企业的具体情况，把握机遇，在最佳时机进行品牌资产的资本化运营，促进品牌资产利用的价值最大化。

三、品牌资产经营的关键要素

企业实施有效的品牌资产经营，第一要重视品牌资产的价值建设；第二要重视通过经营品牌资产方式促进企业的发展战略和价值创造；第三要重视制定完善的品牌资产经营策略；第四要定期实施品牌资产评估，并计入企业的财务报表；第五要建立项目管理团队，系统筹划具体的品牌资产经营项目；第六要在商务合作中重视互利共赢，以企业品牌资产的持续增值为最高发展目标。

（一）实施品牌资产评估

企业可以邀请专业的第三方评估机构定期实施品牌资产评估。企业的品牌资产评估需要严格按照国家《公司法》及其他相关规定办理，通过品牌资产的价值化和资本化促进品牌资产的市场运营。

国外用于资产交易的品牌评估通常随有形资产一起评估，并采用收益现值法或市价法。美国的菲利普·莫里斯以129亿美元收购卡夫公司，出价是该公司固定资产账面价值的四倍；雀巢公司以45亿美元收购Rowntree公司，出价是该公司账面价值的五倍多。其主要依据是该品牌的收益现值，收购该知名品牌在一定程度上还包括收购一个特定的目标客户市场。

（二）规划品牌资产经营策略

企业规划品牌资产经营策略，第一需要依照企业的发展战略和发展目标来规划；第二需要建立品牌资产经营的组织和制度、流程支撑；第三可以借助内外部专家资源周密研讨和制订方案，以确保品牌资产经营的科学性和合理性；第四需要逐步实现制订三年滚动的品牌资产经营方案，以确保品牌资产经营的前瞻性和可执行性；第五对于具体的品牌资产经营项目，要组建内外部专业人士参加，包括市场、品牌、财务、法律等专业人员的项目团队，开展严格的品牌资产经营项目管理和运作，完善项目管理制度和流程，制订周密的项目方案，以确保项目的有效执行。

（三）开展品牌资产商务运作

在品牌资产经营项目的商务运作中，企业需要组建专业团队来实施。做细致的市场调研和企业调研，完成可行性报告，在此基础上制备必要的文件，其中市场分析报告和可行性研究报告、公司资产负债情况和经营情况报告、公司前三年资产负债表和利润表、合作建议书是主要内容。企业间的商务沟通中，互利共赢是合作的基础，对于品牌资产的价值评估和价值确认也是关键环节。合作双方品牌资产的价值、在净资产中的占比、折价方式，都是重要的考虑因素。由于品牌资本的实际运作模式和运作流程较为复杂，而且专业性强，聘请专门机构和专业人士担任顾问，协助工作，将会有效提高品牌资产运作的成功率。

（四）实施品牌资产经营

达成品牌资产商务合作后，在新的发展条件下，有效的品牌资产经营策略和品牌资产的经营管理就更为重要。企业需要结合企业发展战略，在品牌发展战略、品牌组织和制度体系建设、品牌运营管理模式等方面重新梳理，系统规划和执行。

四、品牌资产经营的方式

（一）品牌资产融资

品牌资产融资包括品牌资产质押贷款、吸引投资、上市融资等方式。品牌资产融资的关键，一是企业完善品牌资产评估，通过第三方评估品牌资产价值，计入企业的资产负债表，形成企业的权益资本；二是加强品牌资产经营管理，促进企业品牌资产的持续增值。

品牌资产质押贷款指企业利用品牌资产的评估价值在银行抵押贷款。品牌资产的融资能力也体现在银行授信额度上。企业的品牌知名度和美誉度高，经营良好、稳健，有助于获得金融机构的贷款，或者提升授信额度。

品牌资产吸引投资指企业利用品牌资产的评估价值吸收外部资金的并购与合资、合作，以账面权益资本，或者品牌资本计入股本的方式实现品牌价值；企业也可以以品牌资产互相计价的方式吸收和折现双方的品牌资产，有效创造和维护企业利益。

品牌资产上市融资是指企业利用品牌资产的评估价值计入资产负债表，形成权益资本，货币化企业的无形资产价值，合理扩大企业的整体资本，在企业上市时创造更多的资本价值。

（二）品牌资产投资

品牌资产投资是指企业可以利用品牌资产参与企业的投资、合资、并购等资本经营。品牌资产投资的关键环节，一是品牌资产的合理估值，并计入资产负债表和权益资本；二是在投资合作中经协商一致，将品牌资产折价入股，创造资本权益；三是品牌资产投资要加强规划、管理和控制，避免品牌资产的盲目扩张与管理失控风险，造成品牌资产损害和流失。

品牌资本作为高价值的显性市场资源，应在企业发展与投资中充分应用，实现价值最大化。我国的《中华人民共和国公司法》规定对企业投资的无形资产比例不得超过20%；但如有特殊情况还可以超出此比例，在法律上承认了无形资产投资的合理合法性。

企业在投资创立企业、合资经营、合作经营、股份制经营以及收购、兼并等各种发展模式中，要依据企业发展战略和核心能力的发展，契合企业的品牌价值定位和品牌价值创造，精心选择投资项目，系统规划品牌资产的发展模式，积聚高价值的产业资源，通过并购、控股、参股、合作经营等模式发展品牌价值链、品牌生态系统，增强系统黏性与合力，通过规模效应和专业能力的系统提升形成体系竞争优势，促进品牌资产的持续放大与扩张。

（三）品牌资产交易

品牌资产交易是指企业可以利用品牌资产实施品牌购买、品牌合作、品牌出售等。品牌资产交易的重点，一是品牌资产交易的策略，要与品牌资产的建设方向与企业的发展战略、核心能力建设，以及企业的经营目标相适应；二是选择合适的品牌资产交易的时机，降低购买成本或扩大出售收益；三是要系统规划品牌资产交易策略与管理运营策略，促进完善交易后品牌资产的有效利用与协同发展。

企业可以结合企业的发展与扩张战略，购买在目标市场具有品牌知名度和市场资源的品牌，达到快速创建细分市场品牌、迅速进入目标市场、快速发展的目标。品牌购买的优点：一是可以迅速拥有知名品牌，降低目标市场的品牌创建和发展成本，以及市场风险；二是可以快速拥有成熟品牌所拥有的市场资源，缩短目标市场品牌资源的建设和发展时间。品牌购买的缺点：一是购买市场优势品牌的成本一般较高；二是优势品牌的价值定位和企业的发展策略可能有差异；三是被收购品牌在管理模式和发展模式上可能与企业不同，容易造成管理运营问题，影响协同效应的发挥。

企业可以结合企业战略发展与战略转型，通过品牌资产的出售或者转让来调整企业发展方向和经营范围。转让和出售品牌，也有利于企业减少品牌运营支出，回笼货币现金，为发展现有业务和开拓新业务积蓄力量。

第六章 品牌管理

在品牌发展逻辑上，品牌的发展与价值实现是个基于空间、时间与人的发展的历史过程，一般而言，遵循着从点到线、由线到面的发展路径。品牌价值实现经历了从单一品牌经营到多品牌经营，从组织内部的品牌资源整合到组织外部品牌生态系统经营的发展历程。与此相适应，企业的品牌价值经营与价值实现也是个长期、系统的过程。笔者尝试提出了3S品牌价值实现方略，即企业在品牌建设与经营过程中，需要逐步发展和完善以单一品牌为主体的品牌生命周期管理模式（single lifestyle of brand management），以单品牌价值管理与经营为核心开展品牌建设。以多品牌经营为主体的品牌架构管理模式（structure of brand management），以多品牌架构管理与价值链管理与经营为核心开展品牌建设。以品牌生态系统经营为主体的品牌生态系统管理模式（system of brand management），以品牌生态系统管理与品牌价值网管理与经营为核心开展品牌建设。企业应遵循点、线、面的品牌发展路径，逐步系统提升和增强品牌管理和经营能力，构建企业竞争优势，持续提升品牌价值，持续壮大品牌资产。

第一节　生命周期管理

品牌是一个有生命周期的历史和时间的范畴，柯达、诺基亚、索尼的兴衰皆是如此。对企业而言，深入理解品牌生命周期的特点和运作机理，发展有效的品牌生命周期管理模式，正成为重要的品牌价值创造方法，也有助于企业品牌价值的持续提升。

一、品牌生命周期的定义

社会、技术与经济在持续发展，市场与客户价值需求在不断地进化，品牌以及品牌的价值内涵也在持续发展和演进过程中。品牌的发展历程中也存在生命周期，也有着产生、发展、成熟、衰退、消亡的过程。随着社会变迁，以及消费者消费理念和消费模式进化速度的加快，产品的生命周期在缩短，依附于产品之上的品牌生命周期也有可能随之变化，品牌生命会缩短乃至加速消逝。

曼弗雷·布鲁恩教授认为，品牌生命周期由六个阶段组成，即品牌的创立阶段、稳固阶段、差异化阶段、模仿阶段、分化阶段以及两极分化阶段。菲利普·

科特勒（Philip Kotler，1997）认为，品牌可以用产品生命周期的概念加以分析，即品牌也会像产品一样，经历一个从出生、成长、成熟到衰退并消失的过程，但同时也承认许多老品牌在现实中经久不衰。约翰·菲利普·琼斯认为，品牌的发展过程并不完全遵循成熟后必衰退的规律，它是一个自我实现的概念，而不是一个自然生长的概念，不一定会随产品而进入衰退期。

二、品牌生命周期的内涵与特点

目前对于产品生命周期的认知已较为成熟。一般而言，由于客户需求的发展和市场竞争的推动，大多数产品的发展和演进的过程中都要经历从初创期到发展期到成熟期再到衰退期几个阶段。如果没有持续的产品创新，产品要么逐渐老化，盈利能力迅速下降；要么不能适应客户日益增长的需求，为客户所抛弃；要么被迅速发展中的竞争对手所超越。

一方面，品牌以企业作为组织载体，以产品作为物质载体，与产品具有一定的相互依赖性；另一方面，品牌具有符号化的特点，品牌价值更多地建立在客户心理认知和情感依附上，具有相对的独立性。品牌同时具有虚拟性和实体性的双重属性，具有包括功能价值和情感价值在内的多种价值内核，品牌可以超越产品生命周期而长期独立存在。

波士顿咨询集团研究了30大类产品中的市场领先品牌，发现“在1929年的30个领袖品牌中，有27个在近年依然勇居市场第一。在这些经典品牌中有象牙香皂、坎贝尔汤和金牌面粉”。我们熟悉的一些海外著名品牌大都有经久的历史，如吉列（始于1895年）、万宝路（始于1924年）、可口可乐（始于1886年）、雀巢（始于1938年）等。同样，我国的不少老字号历时百年，在今天的市场竞争中依然拥有强大的品牌知晓度和品牌美誉度，深受消费者认可，如同仁堂、全聚德、瑞蚨祥等。

在现实的品牌经营中，有效地利用品牌生命周期管理延续和提升企业的品牌资产是一个重要议题。一个品牌一旦在长期稳定的品牌价值经营中建立了消费者品牌美誉度和品牌忠诚度，并拥有了大批的忠诚顾客，其品牌价值就具有相当时期的时间和空间稳固性及延展性，并可以有效地牵引和包容企业的产品创新和市场拓展。

企业可以适应市场需求的变化和消费进化，通过持续的产品改进和产品创新持续满足客户需求，维系品牌价值形象；通过品牌价值创造维系品牌的客户价值；通过长期一致的品牌价值定位和个性价值形象塑造，维系原有目标客户群体的品牌认同、品牌偏好与品牌忠诚，巩固和发展已有的客户市场；通过品牌的重新定位或者品牌重塑，赋予品牌新的价值内涵与价值属性，发展新的客户市场，有效延续品牌的生命周期。

三、品牌生命周期管理策略

企业战略和发展目标不同，品牌在生命周期发展的阶段不同，对于企业的品牌管理与运营策略也有很大的不同。品牌管理应基于生命周期管理，在品牌创建期、成长期、成熟期和发展期采用不同的管理策略。

对于处于品牌创建期的企业，应注重系统规划品牌定位、品牌价值与品牌形象，同时，着力于在终端与网络的品牌营销，快速提高品牌知晓度和影响力，推动品牌产品的通路建设，以拉动客流、提升销量为重点。对于拥有成长期品牌的企业，应注重系统提升品牌的功效价值、情感价值与观念价值，注重提升客户的品牌价值体验，持续增强客户的品牌偏好度与品牌美誉度，致力于持续增强品牌产品的销量、品牌溢价能力和再购买率。对于拥有成熟期品牌的企业，随着组织规模的扩大和品牌体系的复杂化，应注重实施有效的品牌架构管理策略，并依托现有品牌资产有效实施品牌延伸策略，打造品牌价值链，发展系统竞争优势。对于拥有衰退期品牌的企业，有效地审计和评估品牌，系统规划品牌重塑策略，实施品牌重定位、品牌增强策略或品牌更新策略，将成为重要的品牌发展与建设思路。

四、品牌生命周期管理模式

在对产品生命周期管理模式的探讨中，有两种可能的产品生命周期管理模式，有助于帮助企业建立长效的产品创新发展与运营管理机制：一种模式是改进和提高现有的产品创新机制，努力延长单个产品品牌的生命周期曲线；另一种模式是通过分层次实施单个产品的利润倍增模式、产品延伸、品牌拓展和多品牌策略设计，将单个产品的生命周期管理发展为品牌体系的生命周期管理，有效延长整个系统的生命周期，以保持系列企业品牌的持久影响力，降低系统风险，为企业创造稳定的长期利润，帮助企业建立持久的竞争优势。

五、品牌加强策略

（一）品牌加强的目的

品牌加强的主要目的是保持和增强现有的品牌定位、品牌的价值属性和品牌形象，通过创新产品和服务；或者通过有效的品牌营销强化现有的品牌认知和行为，巩固和提高现有品牌定位与个性形象，以达到建立、维系与加强品牌、延续品牌的生命周期的效果。

（二）品牌加强的模式和步骤

品牌加强的关键是提炼和强化品牌成功的核心价值基因。企业需要深入分析为什么能够生存并发展到今天？企业的关键成功要素是什么，品牌的核心价值是什么，为客户创造了哪些关键价值？企业需要据此深入分析和提炼实现品牌的核心价值基因，然后去强化它，促进品牌价值的持续成长。

品牌加强的策略包括了以下五大步骤：

（1）分析和评估品牌现状，决定是否实施品牌加强。

（2）确定品牌加强的目的和方向。

（3）确定品牌加强的预算。

（4）选择品牌加强手段，实施品牌加强。

（5）评估品牌加强效果，持续跟踪与改善。

六、品牌更新策略

当品牌进入成熟期，或者组织的品牌经营面临诸多问题时，品牌更新就成为品牌价值成长的重要方法和手段。品牌更新包括品牌重建、品牌重新定位、品牌延伸、品牌撇脂和品牌退出五大品牌管理策略。

品牌更新的难点在于有效评估企业的资源和能力，以及竞争态势，深入分析企业在当前所面临的品牌管理问题。在此基础上，基于企业的资源和能力，基于企业发展战略，系统筹划企业的品牌发展思路，确立品牌更新的策略。脱离企业资源禀赋和长期发展战略，就问题分析问题，关注于个别产品的广告宣传和形象建设，关注于局部品牌问题的解决和销量增长，容易陷入短视，也易于产生组织价值成长和品牌价值成长相脱节、品牌价值与品牌形象相脱节的问题。

品牌更新的重点在于深入分析企业所面临的品牌管理问题，有针对性地选择品牌更新的策略、步骤和时机，努力用科学合理的品牌更新方法促成企业品牌价值管理的最大化，以及品牌更新成本的最小化。

七、虚拟品牌的生命周期管理模式

在社会、经济和技术的持续发展变革中，时尚和流行也在不断地发展与变化；消费者的欣赏口味与需求也处于不断地发展与变化中，使得实体产品的进化和更新及消亡速度日益显著。依附于实体产品的品牌也面临着相同的更新和进化问题。鉴于物质化的产品品牌生命周期的有限性，以及众多不确定因素对产品品牌与价值的影响，产品的生命周期依然处于动态的不确定发展中。

多年来，欧美成熟的文化及娱乐企业逐步探索出经营动画、漫画人物等虚拟品牌的经营模式，通过影视和动画、漫画等载体创作给予神灵、动画人物、动植物等虚拟形象独特的思维模式、行为模式和外在形象，经由精心的市场运作打造出广受欢迎和喜爱、拥有持久生命力的虚拟明星品牌形象，并通过后期持续的版权收入和多产品开发策略创造持久的市场价值。随着数字技术的快速发展，虚拟明星品牌以鲜明的品牌形象、长生命周期、易于传播、品牌影响力广泛、易于植入实体产品等独特价值，也显示出日益增强的品牌价值、品牌影响力与品牌生命力。虚拟品牌的发展，也反向影响和促进了实体产品的价值成长与发展。迪士尼公司的米老鼠、唐老鸭、狮子王形象，巴比娃娃系列玩具，日本的樱桃小丸子、蜡笔小新，都是其中杰出的代表。迪士尼将米老鼠等明星品牌通过品牌授权的方式迁移到服装、玩具、儿童用品等产品上，通过创新盈利模式创造了新的品牌价值。

虚拟明星品牌作为拥有特定功能和情感价值的商品，也有着产生、发展、成熟和衰退的过程。作为制造明星的文化企业，精心规划、设计和有效实施产品的生命周期管理模式，有助于维护和延长明星的生命周期，创造明星长期的商业价值，同时也有助于创造维护企业的持久竞争优势，为股东、企业和社会创造更多的价值。在虚拟品牌的经营中，企业一是需要强化创意设计能力，创造鲜明有力的虚拟明星品牌形象；二是需要注意虚拟明星品牌传播的广泛性，扩大受众规模；三是需要注重虚拟明星品牌建设的持续性和长期性，发展持续影响力；四是合理规划和实施品牌授权等品牌经营模式，创造和实现品牌价值。

八、品牌生命周期管理中的定价策略

从消费者的角度，品牌价值等同于客户价值，客户认知的品牌价值 = 客户认知的品牌利益或是价格，价值与价格的匹配性是品牌定价的关键因素。从企业角度，品牌价值通过品牌产品和服务的价格体现。合理的品牌定价，应基于企业品牌的核心价值属性及品牌价值塑造，高产品价值和高品牌价值匹配高的产品价格，反之亦然。品牌价格并非随意制定，需要通过精确的市场调研和测试，综合市场竞争因素和竞争策略，并在客户的品牌价值认知、认可和品牌消费中实现。

在品牌生命周期的不同阶段，企业应结合产品策略、品牌定位和品牌价值成长策略，在品牌的不同发展阶段，结合市场竞争态势规划和选择相应的合理的价格策略，包括高溢价策略、错位竞争的定价策略、高性价比策略等，在满足细分市场客户品牌价值体验的进程中巩固和提升品牌价值，并有效延续品牌的生命周期。

第二节 架构管理

在企业发展过程中，随着产品种类增多、业务领域扩展、兼并收购以及规模扩张，企业的品牌管理体系会日渐复杂，中国的许多大型企业采取了多元化发展、多产品经营、多品牌发展的经营策略，也面临越来越多的品牌架构管理问题。有效的品牌架构管理也成为企业提升品牌战略管理与经营能力，提升品牌运营效率与效益的关键问题。

一般来讲，企业在发展中有下列有待解决的品牌架构问题：

(1) 企业如何有效处理公司品牌与产品品牌的关系?

(2) 企业是采取单一品牌策略、主副品牌策略,还是多品牌策略?

(3) 企业发展新产品,是用新品牌还是用老品牌来延伸?

(4) 新品牌、副品牌的数量多少合适?

(5) 企业如何管理并购品牌?

(6) 大型企业如何管理旗下复杂的品牌体系?

(7) 企业全球化发展,应该采用怎样的品牌发展策略?

有效的品牌架构管理基于企业战略与核心能力建设,立足于企业内部资源整合,企业需要有效协同事业领域、产品线以及产品间的品牌关系,确定品牌组合方式、品牌发展的优先顺序,以及相应的品牌经营模式。企业品牌架构管理的重点是系统规划品牌体系,统一、协调、有序地建设和经营品牌,针对各个目标客户群体确定品牌使用范围和资源投入,确立各个品牌差异化的品牌价值定位与个性形象,以有效提升企业的品牌竞争力,实现企业品牌价值最大化,以及品牌资产持续提升。

一、品牌架构的概念

品牌结构(brand structure)是指企业中不同产品品牌的组合,它具体规定了各个品牌的作用、各品牌之间的关系,以及各自在品牌体系中扮演的不同角色。合理的品牌结构有助于企业实现差异化的多品牌管理策略,减少消费者对于企业复杂品牌体系的认知困扰;有助于企业有效地协同经营品牌,更加合理地在各品牌中分配资源,并降低品牌运营成本。

二、品牌架构的内容与特征

企业的品牌发展模式,通常包括单一品牌策略、品类家族品牌策略、领域家族品牌策略、联合品牌策略等。企业的品牌架构一般包括单一品牌架构、主副品牌架构和多品牌架构三种形式。企业品牌与产品品牌的关系,也从紧密到相对独立发展。

多元化企业一般由主品牌、一系列产品受托人、托权品牌、亚品牌和复杂的附属品牌构成,容易出现各层次品牌塑造与信息传播弥散,甚至相互冲突,难以形成合力等问题。

(一) 单一品牌架构

单一品牌架构是指企业的业务和产品单元,无论产品品种、性质、功能及目标市场和定位有什么不同,统一使用一种品牌;企业在进行品牌扩张时,所有的业务单元共用一个品牌。组织通过建立一个卓越的主品牌或企业品牌,使之像一把大伞笼罩旗下一系列产品品牌，产品品牌可以从企业品牌得到强大的背书效应。国外的通用电气（GE）、菲利普（PHILIP）、松下（Panasonic）、宝马汽车等企业，国内海尔（Haier）、长虹等企业都采用单一品牌策略，公司品牌与产品品牌统一。

单一品牌架构既包括同一产品线的品牌架构设计，比如宝马汽车的品牌谱系内，分为七系、五系和三系，三系的轿车又采用了宝马 310i、宝马 325i 等品牌命名模式；也包括不同产品种类的品牌架构设计，如长虹公司在发展长虹彩电的过程中打造了长虹品牌的知名度和品牌影响力，依托长虹品牌的影响力，长虹在多领域扩张中采取单一品牌发展策略，又相继推出了长虹空调等系列产品。

1. 单一品牌策略的优势

（1）有利于以主品牌为核心的不同产品在市场上扩张，节约进入市场的费用和时间，提高品牌的经济效益。

（2）有利于培育和维系顾客忠诚。

（3）有利于在消费者心目中建立统一的品牌形象和企业形象。

2. 单一品牌策略的劣势

（1）容易忽视产品的个性宣传，降低品牌的影响力。

（2）不利于品牌的纵向延伸。如一汽轿车以一汽品牌向高档汽车延伸时，将面临客户心理认知障碍，故以红旗轿车作为高端品牌推向市场。派克金笔向中低档产品延伸时，将降低派克笔的高贵形象，稀释品牌价值，影响到了高档产品的销售。

（3）不同客户定位的产品使用统一品牌，容易造成品牌形象的冲突。

（4）风险性大，容易造成一荣俱荣，一损俱损的效果。

（二）主副品牌架构

主副品牌架构是指企业以一个主品牌涵盖企业的系列产品，同时针对不同产品建设副品牌，以副品牌来突出不同产品的价值定位和个性形象。

全世界位列前 20 名的日用品品牌中，有 52% 的产品使用主副品牌决策。在汽车行业，本田公司以本田为主品牌，雅阁为副品牌，本田品牌为雅阁品牌车做注释。在品牌注释形式上，采用“别克——来自上海通用汽车”“潘婷——宝洁公司优质产品”等形式的背书品牌战略。国内企业联想、海尔等都采取了主副品牌架构。

（三）多品牌架构

多品牌架构是指企业的不同产品使用不同的品牌，借此把品质差异较大的各种产品严格区分开来，以便于顾客识别、选购。

1. 多品牌架构的优点

（1）有利于企业全面占领市场，扩大市场覆盖面。

（2）有利于市场细分的需要，推进品牌的个性化和差异化，满足不同消费者的需求。

（3）获取品牌转换的利益。

（4）增强企业内部的活力，增加各品牌管理者的压力和动力。

（5）提高企业抵抗风险的能力。

2. 多品牌架构的局限

（1）多品牌形象的塑造耗费资金多、时间长，适用于实力雄厚的大公司。

（2）增加了品牌管理的难度。

三、品牌架构管理

企业需要对产品市场需求、市场竞争态势、客户对于企业的品牌体系的价值认知等方面实施充分的市场调研，梳理品牌优劣势，并结合企业的发展战略，确定企业的品牌架构发展策略。

品牌架构管理的关键问题与分析维度如下：

（1）企业的客户在哪里？

（2）客户的差异化价值需求是什么？

（3）在不同市场，消费者对新产品价值需求点差异的显著性如何？

（4）企业主品牌或企业品牌的威望如何？

（5）企业哪个品牌拥有更大的品牌价值和市场吸引力？

（6）企业的产品品牌是否能够自给自足，或是需要母品牌的协助？

（7）企业有足够的资源来维持每一个产品品牌吗？

（8）哪种品牌架构对于企业的持续发展更为有利？

企业的品牌架构发展与管理策略，包括单一品牌架构、主副品牌架构和多品牌架构三大品牌架构发展与管理策略。

（一）单一品牌架构发展策略

单一品牌架构适用于市场同质化程度高、市场定位明确，有固定目标消费群的企业；技术稳定、产品品质优良，在行业中处于领先地位的成熟企业；产品在市场上有一定占有率，拥有强势品牌的企业。在工业类产品中，单一品牌对于产业相关性较高、客户消费模式相近的工业企业更为适用。在消费类产品中，如果企业的目标消费群体明确，客户对品牌的情感价值和功能价值需求相似，也可以运用单一品牌。如香奈儿这样的奢侈品品牌，由于全球范围内的客户群体消费特征类似，单一品牌策略也有助于企业更高效地进行全球品牌营销。

国外的通用电气、诺基亚、杜邦、路易威登等企业采用了这种品牌架构；国内的神华、东方电气、海尔、蒙牛等企业采用了这种品牌架构。企业采用单一品牌架构，有利于集中资源打造一个品牌，从而可以更为有效地在区域和全球建立品牌认知和理解。实行单一品牌架构的企业的不足在于多产品营销时，易于扰乱品牌的差异性定位，弱化品牌的个性化价值。单个产品出现问题，也容易影响整个企业品牌声誉。

华润集团依托集团品牌的强大实力和品牌影响力，采用了以单品牌为主的综合品牌架构，此举有利于华润集团统一品牌管理，塑造整体形象。

（二）主副品牌架构发展策略

主副品牌架构适用于主品牌的品牌价值高，但客户群体的价值需求差异化较大的企业。在一些行业，企业所涉及的产品在功能上和所提供的利益上差异很大，统一的品牌会给消费者带来不舒服的感觉。企业可以通过主副品牌策略进入不同的客户群体市场，或吸引客户偏好差异较大的消费群；除主品牌以外，产品的差异化定位和形象，以及相关的功能、特征需要用副品牌诠释。

主副品牌架构中，主副品牌可以承担不同的角色。

（1）驱动角色。驱动性品牌是指能够促进消费者做出购买决策的品牌，它所代表的是消费者通过购买想得到的。扮演驱动角色的品牌代表的是与顾客购买决策及使用经验密切相关的价值体现。比如宝马700系列，对大多数消费者来说，宝马是驱动品牌，因为他们在做购买决策时，首先想到的是由宝马所体现的价值，而不是某种具体车型所传递的价值。

（2）担保角色。担保性品牌是指能为驱动品牌所承诺的内容提供支持和信誉保证的品牌。由于公司品牌通常代表的是一个拥有人员、文化、价值和方案的组织，非常适合于支持驱动品牌，因而经常扮演担保者的角色。

大连大商集团的业务发展采用了以商贸业务为主的多元发展策略。大商集团在地域市场属于强势品牌，相应地采用了以“大商”品牌为主品牌，主副品牌策略为主的品牌架构发展模式。大商品牌较高的品牌认知度和品牌影响力可以带动相关产业领域子品牌的建设和成长。而对于与主业相关性不强的资产，大商集团则实施了区隔品牌的发展策略，以独立品牌独立发展。

1. 主副品牌创建策略

企业需要根据组织发展战略确立企业的产品发展战略，制定相应的品牌发展战略。如果企业已经建立了一个具有相当影响力和稳定性的企业或主品牌，并希望在企业的主品牌之下再创建新的产品品牌，企业可以采取主副品牌的发展模式。通过“描述品牌”策略、“背书品牌”策略、“联系品牌”策略和“独立品牌”策略四种方式创建产品品牌。

对于主副品牌的创建，取一个具有战略价值的名字的确是培育品牌的第一步。产品名称和品牌是不同的。为了发展成为一个品牌，企业必须通过系统的品牌规划与品牌经营，在产品名称中植入品牌的核心价值基因，有效承载和传达企业的价值观以及产品所提供的核心功能利益、情感利益和独特的个性认知。

（1）“描述品牌”策略。“描述品牌”策略是指在企业的主品牌上添加描述创建新的子品牌。此方法主要是指企业将主品牌作为最强大的品牌资产，而仅仅在其后附加一个简单的短语描述产品的特点。例如，“蒙牛优酸乳”就是一个典型的描述型名字。“优酸乳”是一种通用的乳品名称，不能成为注册商标，但是明确地解释了产品所包含的内容。在这里，蒙牛的策略是放弃添加二级品牌认知，而是把焦点放在企业品牌上，以激发消费者心目中如相关度、信心、差异度、成长等正面品牌认知。

在企业的主品牌足够强大并且企业产品特征与主品牌两相适应的情况下，这一策略能够发挥最好的效应。“品牌描述”策略的优点是可以帮助企业以最小的投入开发新的产品品牌；而缺点是新的产品品牌过于倚重于企业主品牌的品牌价值，不能建立有效的产品差异化价值和个性形象区隔。

（2）“背书品牌”策略。“背书品牌”策略是指企业建立一个全新的品牌，但仍然使用企业的主品牌予以背书以增强消费者的品牌认知和品牌认同，有效维护和发展新品牌。中粮近年建立的“悦活”果汁品牌，由“中粮出品”作为品牌背书，即是实例。

（3）“联系品牌”策略。“联系品牌”策略是指企业将主品牌的一部分名字与产品描述结合在一起，以充分利用主品牌的力量。雀巢公司推出的雀巢咖啡（Nescafe）、雀巢茶产品（Nestea），都是使用了这种策略。联系品牌策略能够建立与母品牌保持一种半独立关系的品牌，对于拥有强势主品牌的企业，联系品牌既能建立与主品牌的关联，又有利于建立差异化的品牌价值与价值形象，是一种比较有特色的品牌命名模式。

（4）“独立品牌”策略。“独立品牌”策略是指企业创造一个完全不受母品牌约束的新品牌。如联想的乐风手机，娃哈哈的营养快线，苹果的 imac、iPod、iPhone、iPad 等。这些产品品牌创建具有较高的自由度，有利于新品牌的创建，缺点是企业创建全新品牌需要较大的投资和面临较大的市场风险。

苹果公司创建的产品品牌，以字母 i 打头，创建了子品牌间的共同识别符号，便于客户的品牌认知；大众汽车公司在产品设计上创建了共同的家族汽车外形脸谱，便于产品的形象传播和客户认知。这些都是较为出色的品牌识别建设模式以及品牌传播方式。

2. 主副品牌架构的品牌协同发展关系

企业的主副品牌通过有效地建设和运营实现协同发展。企业的主品牌对副品牌的发展起到支持、稳定和保护的作用，尤其适用于知名企业品牌对于新创产品品牌的支持。新的产品品牌可以面对细分市场建设独特的价值定位和个性形象，企业品牌可以提供组织支持和保护。同时，企业的副品牌对主品牌也有激活和更新的作用，可以持续地丰富与创新主品牌的价值基因，促进主品牌的持续发展和长久生命力。

企业采用主副品牌架构，同时使用主副品牌，既体现了各主副品牌的统一性，又体现了副品牌的差异性。主副品牌架构有利于副品牌有效地分享主品牌的知名度和美誉度，同时本身又可以按照其目标市场的特殊需求通过产品本身的品牌定位，加大细分市场的渗透力，最大限度地利用已有的成功品牌推广新产品；有利于企业集中广告预算用于主副品牌的联合宣传，既节约了广告预算，又能取得较好的宣传效果。主副品牌架构的主要问题是一旦副品牌产品出现问题，主品牌就会受到负面影响。

3. 主副品牌组合管理工具

这一分析模型是在建立企业品牌和产品品牌和谐关系的假设基础上开发的。它能够帮助评估以下问题：每个产品品牌对激活企业品牌价值做出了多大的贡献；相对地，每个产品品牌得到了来自企业品牌的多少背书。

（三）多品牌架构发展策略

多品牌架构适用于多元化发展的大型企业。企业组织结构复杂，产品线广、产品种类多，且针对不同市场、客户消费模式差异明显，产品定价水平各异，适于采用多品牌架构。同时大型企业相对实力强大、资源多、管理能力强，可以通过完善的品牌组织建设和制度体系建设，确保有效的品牌运营管理；可以保障对多个品牌有充分的资源投入和有效协同。

复星集团实施不相干多元化发展策略，并以企业并购作为重要的战略扩张模式。复星所并购的企业中许多也拥有优秀的品牌资产，复星也相应采取了多品牌发展策略，实施多品牌管理架构。

（四）购并企业的品牌架构整合

企业在行业内外以及海内外的并购与重组，是企业发展与扩张的重要模式。如何重新梳理品牌架构，有效整合与运用并购双方的品牌资产，成为重要问题。对于这个问题，我们以品牌价值经营为原则，建立了四维品牌整合分析模型：一是企业自身的品牌认知度、品牌形象与市场占有率；二是并购品牌目前在特定地域和行业的品牌认知度、品牌形象和市场占有率；三是在同一目标细分市场，该品牌与公司品牌的品牌价值重合程度；四是在不同目标细分市场，该品牌与公司品牌的品牌价值重合程度。

如果所收购的品牌在当地已经有了很强的品牌认知度和良好的品牌形象，在当地市场也已经有了一定的市场份额，而且其所处的细分市场不同于公司现有品牌所处的细分市场，那么就应该保留该品牌，并进一步加强该品牌的市场渗透力。

如果被收购的品牌在当地已经有了很强的品牌认知度和良好的品牌形象，但与公司现有品牌处于同一细分市场，那么公司可以做出一个选择：或者保留所收购品牌，并在产品上依然单独使用原品牌，将其长期定位为公司未来在当地该细分市场的唯一品牌；或者在产品上标注被收购产品品牌和公司原有品牌的联合品牌，并逐渐过渡到单独使用公司原有品牌。这样做可以帮助企业在近期继续利用该品牌，维持市场份额，而从长期来说，可以帮助企业在全球相同的细分市场均建立起一个统一的强有力的品牌，达到品牌资源的有效整合。

如果所购企业并不具有品牌优势和市场价值，而主要具有生产、研发、渠道等其他优势，企业就应该果断放弃该品牌。公司可以按照公司的发展策略和整体的品牌架构，针对该地域细分市场推广公司已有的品牌，或者打造一个新的品牌。

有效的并购模式，在于依据企业的核心能力建设目标，依据企业整体的产品发展策略和品牌发展策略，根据特定时空的各细分市场的发展目标，以品牌价值管理为核心，以品牌资源优势互补为原则，系统整合并购双方的品牌资产，以期达到企业品牌价值最大化、在各细分市场品牌竞争力最大化的结果，促进企业品牌价值的持续成长。

（五）品牌架构中品牌地位分析与管理策略

根据各品牌在品牌架构中的地位，可以将品牌分为放弃品牌、奶牛品牌和战略品牌三类，然后根据品牌所属类别的不同配置资源，确定不同的品牌管理模式。

放弃品牌是指在一个没有吸引力的市场上处于弱势地位的品牌，或者是不适合公司长远发展的品牌。这些品牌所处的市场可能已经饱和、利润微薄，销售业绩平平甚至开始下降，或者是这一品牌在市场上缺少独特性，而制定并实施能扭转形势的战略需要巨额投资。应该考虑减少对这些品牌的投资，甚至放弃这些品牌。

奶牛品牌是指那些虽已出现疲态，但仍具有一定优势的品牌。这些品牌或许有一定的核心顾客群，仍能提供可观的利润。由于这些品牌几乎不需要继续投资就可以维持下去，因而它们能提供大量的现金流用以支持其他品牌。

战略品牌是指对公司未来绩效有重要影响的品牌。其重要性在于，首先，未来这些品牌能带来可观的销售额和利润额。这些品牌有的已经是主导性品牌，它们正打算维持或提高其市场地位；有的虽然目前还很小，但正朝着成为主导品牌的目标迈进。其次，这些品牌及其所涵盖的业务可能是未来发展成败的关键，企业需要投入更多的资源来帮助它发展壮大。

四、企业国际化运营中的品牌架构管理

对发展中的中国大型企业集团而言，建立一个成熟有效的全球品牌架构管理也是实现公司国际化发展战略的核心。企业的全球品牌架构管理，包括全球单一品牌策略、全球多品牌策略、创建当地品牌策略、购并当地品牌策略等发展模式。

中国企业需要根据自身的资源优势以及产品特点，结合企业的发展战略与发展目标，在国际化发展中系统筹划和管理全球品牌架构，以有效促进企业的核心能力成长以及企业全球市场竞争力的提升。

海尔在国际化经营中采取了单一品牌发展模式，统一使用海尔品牌。面向不同国家的客户群体差异性文化和消费需求，海尔针对性地调整产品的类型和功能款式，并改变了企业的品牌形象，包括调整海尔品牌的宣传用语，调整了网站的颜色风格（参见海尔网站），应用了当地的人物形象做宣传，初步发展为适合当地客户价值需求的地域化品牌，在全球市场发展。中国全球化经营最为成功的企业，电信设备商华为也采取了单一品牌的国际化发展模式。

联想采取了购并 IBM 的 Thinkpad 品牌与经营团队，与联想 Lenovo 品牌电脑产品共同发展的国际化经营模式。Thinkpad 产品品牌在全球商业客户群体中有良好口碑，联想后来又聚焦于家用市场创立 Ideapad 品牌，两个子品牌形成了有效的市场定位区隔。目前联想形成了以 Lenovo 为企业品牌，以 Thinkpad 产品品牌、Ideapad 产品品牌和 Lenovo 背书产品品牌为三大子品牌协同发展的品牌架构管理模式。

TCL 在国际化发展中，采取了并购并使用当地品牌模式。TCL 购并 Thomson 集团彩电业务以后，在美国市场继续沿用在当地已有较强品牌竞争力的 RCA 品牌，而在欧洲将使用在欧洲市场更具品牌竞争力的 Thomson 品牌。

三星在全球化经营中采用了单一品牌发展策略，主要依托三星品牌的建设牵引三星集团的全球化发展，并以三星品牌为主导，创建了三星保险、三星电脑、三星液晶电视、三星洗衣机、三星数码相机等系列产品品牌。

松下公司在全球化经营中，原来实施“National”和“Panasonic”的双品牌发展战略，后来松下实施品牌架构重整，启动全球单一品牌策略，在全球市场只保留“Panasonic”一个品牌；停止使用“National”品牌，只在日本本土同时使用“National”品牌。此举避免了松下品牌的认知混淆，降低了双品牌营销的成本，并推动了松下“Panasonic”的价值成长。

五、结语

采用哪种模式对企业更为有效，取决于该产业的市场状况以及该市场的消费者行为，取决于企业现有的资源和能力与品牌发展现状，取决于企业的发展战略目标与企业的核心能力建设。

在发达国家市场，消费者相对成熟，对于产品和服务的消费的专业指向较为明确。同时企业的实力和品牌管理能力较强，聚焦各个目标受众群体的多品牌组合战略更适合。在中国市场，由于产品过剩和信息泛滥，以及产品假冒伪劣现象的存在，中国消费者对知名品牌更为了解和信任，对知名品牌的纵向和横向多元化扩张更为包容。另一层面，中国消费者对复杂的品牌体系，以及专业化的细分市场品牌分类和定位的认知也不够成熟。庞大的人口基数、海量的消费群体，以及以央视为代表的强势媒体的垄断性存在和影响力，使得在相当一段时间，单一品牌策略和主副品牌策略更有利于中国企业的品牌建设和发展，更有利于企业产品和服务的市场推广和销售。中国企业的发展时间相对较短，企业实力相对较弱，品牌管理能力也不强，单一品牌策略和主副品牌策略在中国更为有效，有利于中国企业降低营销成本，通过主导品牌建设重点突破，从而实现快速发展。

第三节　生态系统管理

一、品牌生态系统的定义

安格尼斯嘉·温克勒在其著作《快速建立品牌：新经济时代品牌策略》中提出和系统探讨了“品牌生态系统”的概念和管理问题，并指出品牌生态环境是一个复杂的充满活力的、不断变化的有机组织。近年来，品牌生态系统建设已成为品牌研究的热点领域，并有诸多相关研究。

我国学者王兴元（1999，2000）认为，品牌生态系统是以品牌企业为核心的，由品牌与品牌产品，品牌拥有企业、公众、相关企业以及品牌生态环境包括政治、经济、法律、社会、技术、自然及其他环境等所组成的人工生态系统。

笔者认为，品牌生态系统是以品牌价值为核心发展动力，以品牌所有者（或经营者）为组织核心，以品牌及品牌产品为品牌价值链的核心载体，以品牌价值链中物质流、能量流、信息流、资金流等的价值流动与价值经营，牵引供应商、中间商、销售商、客户、大众等利益相关群体，在特定时间、空间与人的发展环境内动态发展进化的品牌组织系统。

品牌生态系统相关的理论还包括但并不限于下列内容：

（1）品牌群落理论。美国著名品牌战略专家戴维·阿克在《创建强大的品牌》一书中指出，品牌生态管理除了构造企业内部品牌系统的战略外，还要通过精心地组建相互关系、相互促进的品牌群（David A. Aaker，1998）来创造可持续的竞争优势，并进一步提出了“品牌群落”理论。品牌群落理论认为多元化企业一般由主品牌、一系列产品受托人、托权品牌、亚品牌和复杂的附属品牌构成，容易出现各层次品牌塑造与信息传播弥散，甚至相互冲突难以形成合力的问题。生物群落原理可以用来解决这一品牌群组合效应差的问题，并对如何有效利用现有品牌的协同效应进行品牌延伸与规划进行研究。

（2）品牌生命体复杂性理论。品牌生命体复杂性理论认为，品牌生命体具有复杂性的特征，主要表现在以下五点：多基元的复合体，不可能由营销、服务、单个企业或其他任何一个具体成分构成；基元间广泛互动，最终表现为一种生态系统；次序和层次，形成稳定有序的结构和不同等级的层次；有机整体优于部分机械之和，并不是简单的叠加；开放性与适应性，表现为在过程中不断演化。

（3）品牌适应理论。美国学者霍兰（J. H. Holland）提出，“适应性造就复杂性”。王东民（2004）认为，品牌系统是一种远离平衡状态的开放系统，能够通过不断地形成新性质或新功能来适应外界的挑战或改变。彭贺和张锐（2004）认为，品牌适应是品牌在环境中，经过生存竞争而形成的一种适合环境条件的特性与性状的现象，它是市场选择的结果。品牌适应包括形态构造的适应、行为的适应（运动、延伸、移植、迁移和迁徙以及保护、防御和抵抗）、生理及营养适应（品牌生物钟、休眠以及生理生态变化）以及协同进化适应。

二、品牌生态系统的四大内容

品牌生态系统包括品牌生态环境、品牌个体生态系统、品牌种群生态系统和品牌群落生态系统四大部分。品牌生态系统是一个在特定时空环境下，随着人的价值需求变化而动态发展与演化的品牌经营体系。品牌生态系统的发展，一般经历了从单个品牌发展为品牌个体生态系统，进而发展为品牌种群生态系统，直至发展为品牌群落生态系统的发展进化过程。

（一）品牌生态环境

品牌生态环境包括社会、经济、政治、法律、技术、人口、自然及其他环境。品牌生态系统的发展环境与品牌的关系是复杂多样的，包括众多利益相关者，如政府、股东、雇员、分销渠道、消费者，以及品牌经营相关的合作者、竞争者、联盟伙伴、发展伙伴、广告代理商、传播媒介等。

（二）品牌个体生态系统

品牌个体生态系统是以单个品牌为主导，以品牌价值创造为核心，以品牌价值链管理为运营模式，由品牌企业、企业供应商系统、企业内部经营系统、中间商系统、利益相关者、顾客系统共同组成了品牌价值链系统，其与品牌生态环境共同构成了品牌个体生态系统。

在品牌个体生态系统中，企业供应商系统、企业内部经营系统、中间商系统、分销商系统、顾客系统共同构建起创造品牌价值的品牌价值链系统，构成了品牌的市场生态系统。个体品牌的活力取决于品牌资源状况、品牌价值创造能力、品牌管理运营能力及外部市场环境的适应性。企业的品牌价值会随着品牌价值链的成长发展为品牌个体生态系统的品牌价值。企业品牌价值创造能力与销量也在很大程度上取决于企业品牌价值链的管理运营能力。品牌个体生态系统以企业的品牌价值创造为核心，通过企业的运营与管理循环，围绕品牌价值链经营，形成复杂而有序的商流、物流、资金流、信息流等资源流动。在企业价值创造与利益相关者价值需求发展与满足的互动演进，并在企业的核心能力持续提升的基础上推动企业的品牌价值持续成长和品牌资产的持续提升。

（三）品牌种群生态系统

品牌种群（brand population）是指特定时间和空间内同类品牌个体的集合。地域历史文化、区域地理环境和资源禀赋等环境条件，以及产业集聚效应，使得特定区域内簇生一些独特的产业和产业集群，也由此形成区域品牌、产业品牌和集群品牌。在产业价值链上，不同的品牌占据不同的市场定位，利用产业资源中的不同资源要素，并对生产与消费空间进行分割、嵌入与占领，形成一个既竞争又协作，既分层又具有整体功能的品牌生态系统，也就是品牌种群生态系统。

品牌种群生态系统的发展态势通常用品牌种群密度和品牌生态位两个指标来描述。

品牌种群密度指的是在一定区域面积内或市场容量中的品牌数量。由于品牌种群数量经常变动，我们也可以用品牌出生率、品牌死亡率、外来品牌进入率和本土品牌迁出率来表示。品牌密度可以反映特定区域内一个产业或产业集群发展的快慢；品牌出生率和品牌死亡率可以反映产业或集群内品牌竞争程度；外来品牌进入率和本土品牌迁出率可以反映区域内产业或产业集群对非本土企业的吸引力和人文环境的开放程度，并决定品牌种群发展速度的快慢。

品牌生态位是指品牌在其生存环境中所处的位置和所利用市场资源的综合状态，是品牌生存条件的总集合体。品牌生态位可以反映一个品牌在种群内所占据的位置，表述品牌种群中品牌差异程度。品牌的生态位越宽，可利用的市场资源种类也就越多，品牌延伸度越大，影响力就越广；品牌生态位越窄，可利用的市场资源种类就越少，品牌专业化程度就越高，差异程度越大。

（四）品牌群落生态系统

戴维·阿克在《创建强势品牌》一书中提出了“品牌群落”理论。品牌群落是在特定区域和市场中各种品牌种群之间以及它们与环境之间通过相互作用而有机结合的具有一定结构和功能的复合体。相对于品牌个体和品牌种群，一个特定品牌群落生态通常具有下述属性：

（1）品牌群落由一定的品牌种类组成。

（2）各种品牌种类各自具有一定的特征和结构，并相互影响。

（3）品牌群落对所在的区域和市场环境产生重大影响，并形成群落环境。

（4）品牌群落有一定的分布区域和边界。

（5）品牌群落伴随着时间的变化而演化更替。

在品牌群落的生成和发展过程中，受到区域经济、文化和自然环境深刻的影响，品牌之间通过竞争、共生和协同进化形成差异化的区域品牌群落。品牌群落结构类型主要包含三方面内容：第一，品牌群落的空间结构，是指品牌区域社会经济文化、自然环境、产业特征、竞争、空间异质性、外部力量干扰因素等因素影响下的群落层次。如区域内的农业矿产资源品牌层、生产企业品牌层、销售企业品牌层、服务企业品牌层等。第二，品牌群落的水平结构，主要是指由于区域内产业政策导向、资源禀赋差异、要素流动的非均衡性，使品牌种群分布呈现斑块性、镶嵌性的特点。如不同地域资源差异形成的产业集群品牌种群就具有这样的特点。第三，品牌群落的时间结构。由于不同地域品牌种群形成的时间长短不同，或者在时间结构上的周期性变化不同，在时间上有不同的分化，从而形成差异化的品牌群落结构。

三、品牌生态系统发展的六大原则

（一）互动性原则

生态学强调生态系统内各组成成分间的互动联系，其中任一成分的变动，都将引起其他成分的变动。自然生态系统是这样，品牌生态系统也是这样。品牌生态系统内各相关利益者团体之间都存在着内在的双向互动联系和重叠交叉现象（Tom Duncan，1998），这使品牌生态系统构成了一个极其复杂的整体。因此，研究品牌生态学系统时不应孤立地只研究顾客、员工、股东或竞争对手的一个方面，在规划品牌生态系统时更不能只局限于某一相关利益者团体，而应考虑得更为全面和系统。

（二）共同进化原则

人类学家格雷戈里·贝茨森（Gregory Bateson）指出，系统内（公司、团体和家庭）的行为都是共同进化的。我们可以认为，产业生态系统内的利益相关者共生共荣、协同发展和进化是一个比竞争或合作更为重要的概念。世界范围内一些产业领导者（如 IBM、微软等公司），通过牵引和领导产业内的利益相关者共同发展和进化，创造了新的商业发展模式，也建立了产业系统层面的竞争优势。

（三）生态流原则

生命的各种表现都是和能量流动、物质循环、信息传递分不开的，没有这些生态流就不可能有生命活动，也不可能有生态系统。在品牌生态系统中，除了物流外，还有资金流、产权流、知识流、信息流等多种重要而复杂的能量与信息流动。生态流的基本原则是统一的，能量流动和物质循环都以价值流动为核心动力，并伴随着品牌信息传递和流动。

（四）生态位原则

广义的生态位（niche）是指种群在群落中与其他种群在时间和空间上的相对位置及其机能的关系。每种品牌及品牌群的生存都需要一定的生态空间和资源，为了获得这些资源和空间，都有扩张的倾向，扩大它们的市场生态分布范围。但资源和空间两者都是有限的，因此必然引起有同样需要的品牌及其群体间的竞争。由于竞争的影响，品牌当前占领的实际生态位（realized niche）总是小于它在没有竞争条件下可能达到的生态位，即基础生态位（fundamental niche）。

市场资源和空间虽然是有限的，但消费者的需求又是多种多样的，甚至是无限的。通过市场竞争和消费者选择，品牌及其群体间产生生态位的隔离，使得生态位不重叠或少重叠，从而达到一定范围内的多品牌的共生共荣。用生态位、生态图（ecograph）代替市场占有率、市场份额图，可以帮助企业更有效地适应市场生态的变化，品牌生态图除了具有传统市场分析的份额表达意义外，还可以对市场生态中的主要成员之间的生物链进行图示。

（五）生态演替原则

品牌生态系统具有动态的发展或演替的特征，品牌生态系统演替的含义如下：

（1）系统演替是一个动态有序的过程，具有一定的发展规律和发展方向。

（2）系统变化虽由外部因素引起，但演替主要受生态系统内部组织系统的资源和能力所控制和影响。

（3）系统以动态稳定或相对均衡的生态系统发展态势为均衡点。

（4）系统具有产生、发展、成熟、消亡、更替的过程。

品牌生态系统作为特定的社会生态系统，也具有产生、发展、成熟、消亡、更替的过程。品牌生态系统的发展变化，始终是在动态发展的市场环境和竞争环境中进行的，消费者选择的发展变化中，类似产业生态系统的发展，都会对品牌生态系统的发展产生重大影响。企业自身价值创造能力、资源利用模式、企业运营效率在其中依然起着核心与决定性的作用。随着企业品牌生态系统规模的扩大，企业通常具有更大的量能和势能优势。相应地，企业发展和经营的惯性也会越来越大，庞大的利益相关者群体和复杂的决策考虑因素也会使企业转弯与转型的速度，以及应对市场变化的速度趋缓。面对不断进化的消费者价值需求和崭新的价值创造模式，面对更为轻巧灵活的竞争系统，旧有的品牌生态系统，要么凤凰涅槃，自我更新，要么为新的品牌生态系统所代替，走向消亡。

（六）生态平衡原则

在一个相对稳定的生态系统中，系统的组成成分和比量相对稳定，能量、物质的输入和输出相对平衡，这样的生态系统具有抵抗胁迫保持平衡状态的倾向，生态学上称之为稳态机制。而当外力增强时，生态系统通过自动调节，可以在新的水平上实现新的平衡，这样就可能出现一系列“稳态台阶”。此时，虽然系统还能实现控制，但已不能回到原先的同一水平。在这种情况下，甚至轻微的变化就能产生深远的影响。生态系统的稳定机制是有限度的，超过这个极限，正反馈不受控制，终将导致系统的毁灭，品牌生态系统的正常运行也受这一原则的支配。

四、品牌生态系统的发展模式

品牌生态系统的发展是个逐步成长和动态演进的过程，其核心是品牌价值系统的发展与演进。品牌价值系统的发展包括企业品牌价值的发展、品牌价值链系统的发展和品牌价值网系统的发展三大部分。系统地规划和发展品牌价值的成长模式和成长路径，促进企业从提升个体品牌价值到发展品牌价值链，发展品牌价值网，促进品牌价值体系的持续提升与动态发展，将促进企业品牌生态系统的创建、发展和持续价值成长，并建立以企业资源能力为核心的难以复制的系统竞争优势。

（一）发展主导品牌和差异化产品，持续提升品牌核心价值的创造能力

目前的中国市场依然存在生产能力冗余、同质化产品冗余、企业品牌价值低和价格战主导企业竞争模式四大困境。信息过剩，假冒伪劣产品过多也使得消费者选择困难，并存在信任危机，阻碍产品的消费。现实呼唤更多的中国企业通过系统的努力，塑造更多更强大的主导品牌，并持续提升品牌价值。通过主导品牌的品牌价值塑造与品牌认同，在创造和满足客户不断增长的价值需求的过程中打通产品生产冗余和销售通路，通过品牌生态系统的发展，系统化解决上述问题与困境。

目前而言，依托中国的庞大消费人口和市场优势，围绕客户价值创造加强企业品牌建设，系统塑造产品品牌、终端品牌、服务品牌等，以品牌价值建设牵引企业的研发、生产、销售体系的发展，持续提升产品价值，以品牌差异化牵引企业的产品差异化，以品牌知名度和美誉度建设提升产品的市场覆盖率和销量，是国内企业建设品牌，实现快速发展的现实出路。围绕强大的特色产品品牌建设品牌生态系统，以及围绕广覆盖的终端品牌建设品牌生态系统，通过发展品牌生态系统增强企业实力，也是中国企业应对跨国企业竞争，实现持续价值成长的重要发展路径。

（二）发展品牌价值链，持续提升品牌价值链的协同进化能力

品牌价值链是指在企业的品牌生态系统中，由品牌原料商、品牌供应商、品牌企业、品牌分销商、品牌终端等品牌利益相关者组成，并以品牌的价值创造和价值增值为核心发展而来的品牌价值经营系统。

品牌价值链管理更注重充分利用企业内外部的资源，通过系统与有序的品牌经营，实现品牌核心价值的选择、创造、传递、沟通、实现与管控，以及品牌价值增值。企业可以在品牌价值创造、传递与转移的各个环节协同发展，通过系统规划提升品牌价值运营各个环节的品牌价值，植入更多的品牌价值基因，促成品牌价值最大化，在客户消费环节获得更好的品牌美誉和品牌溢价。企业可以改善品牌价值链运营的各个环节的有效管控，降低内部交易成本，提升整体品牌价值链经营的效率和效益。需要强调的是，品牌价值链成功经营的关键是企业需要以更开放的心态与利益相关者共生共荣，协同发展，改善品牌价值链系统的价值创造机制和利益分享机制，推动价值链的规模扩张和质量提升，通过增加营业额和品牌产品利润促进整个品牌价值链的价值成长。

（三）发展品牌价值网，持续提升品牌生态系统价值聚合能力

品牌生态系统中，上游品牌、核心品牌或核心品牌群体、下游品牌以及品牌

相关利益组织间以强势品牌作为网络节点，以强势品牌的价值创造、价值增值与价值经营为发展动力，多条品牌价值链之间相互联系，协同经营，形成有效承载网络系统内物质、能量、信息、资金流动的品牌价值网络，在创造消费者价值的基础上实现品牌价值网络各个环节的价值。品牌价值网络的发展有利于相关利益组织基于专业化分工发展各自的比较优势，基于产业协作发展协同优势，也有利于降低系统内部的交易成本，并有效提高整个品牌价值网络的运营效能与效益。

品牌的核心客户价值，以及品牌价值网中的核心品牌和核心企业的价值创造能力，是品牌价值网络建设的核心环节。企业通过核心品牌价值创造能力和价值实现能力聚合系统内的品牌价值资源，整合不同品牌价值链中的共性品牌价值元素，创造新的品牌价值创造与增值模式，增强品牌价值网络的价值创造能力，通过价值创造与价值分享机制拓展和壮大整个品牌生态系统。

企业可以创建和发展核心品牌价值的成长机制，或者创新品牌价值发展模式，以强大的品牌价值创造能力牵引相关利益群体以较低成本共享强势品牌的价值收益，以此推动品牌价值网络的整体规模扩张。企业可以发展有效品牌价值合作和品牌利益分享机制，吸引合作伙伴共同推动品牌价值网络的成长与发展，共享收益。企业还可以超越自身的能力和利益局限，发展价值共享的品牌合作联盟和品牌合作组织。组织间的品牌战略协作有利于在互利共生中发展协同效应，增强以品牌价值为核心的物质、能量和信息、资金流动的广度和深度，创造更多更大的客户价值。这也有助于企业在更广阔的时间、空间范围内发展品牌生态系统，促进品牌生态系统的持续价值成长。

五、品牌生态系统管理

品牌生态系统的管理，是一个由简单到复杂，由内向外的多维度发展过程。从结构维度上看，品牌生态管理既需要考虑品牌架构的关系，也需要考虑品牌拥有企业与产业链要素间协作与发展关系，还需要品牌价值成长与品牌生态环境要素之间的适应关系；从时间维度上看，品牌生态管理始终贯穿品牌的初创期、发展期、成熟期和衰退期，每个时期品牌管理要素的价值、类别、丰度、效度，以及要素之间的组合和排列方式，以及品牌发展策略都具有明显的差异性；从内容维度上看，品牌生态管理主要包括精神层、物质层、制度层和行为层等内容。精神层是指品牌的价值理念、价值观、品牌识别等。物质层是指品牌相关的产品及产品研发、设计、生产设备和工艺流程、生产环节、营销环境等。制度层是指品牌经营管理相关的领导体制、组织结构、制度规范和策略体系等。行为层是指品牌经营管理相关的员工行为、营销行为，以及媒体宣传、文化和创意活动等。不同维度的管理对象系统作用，互相影响，在一定程度上增加了品牌生态管理的复杂性和难度。

在品牌生态系统管理阶段，企业尤其需要坚持协同发展、共生共荣的价值理念，借助有效的整合手段，合理规范品牌各要素间、各环节间的关系，促进品牌生态管理的主导价值一元化、存在形式多元化、发展目标差异化、内容体系层次化和过程演进有序化，系统促进整个品牌生态系统的价值成长。

第七章 价值管控

品牌价值管控在管理内容上可划分为计划、组织、领导、控制和评价五个环节；在管理形式上可分为理念管理、组织管理，制度管理、行为管理和物质管理五大部分。品牌价值管控的各个组成部分，在不同程度上对品牌价值管控的运营效率与运营绩效产生影响。

组织的品牌管控是一个动态发展的成长历程。企业品牌价值管控体系的组织设计、品牌发展策略、品牌管理模式和品牌运营方法不能追求过度领先与完美，而应与企业的生态环境、发展阶段和发展策略相适应，与企业的资源和运营管理能力相匹配。同时品牌运营管理过程也是品牌管理理念、结构、机制、方式和策略的选择、完善及优化过程。企业的品牌发展策略与品牌价值管控体系应当具有前瞻性、系统性和可执行性，并在发展中逐步完善和提高，以确保组织可以有效牵引企业的品牌价值成长和持续发展。

组织的品牌管控是组织内部的品牌管理和品牌生态系统管理的统一。过于强调品牌成长的内部资源和价值发展，忽视品牌成长的品牌生态系统的价值创造，忽视客户关系经营，将造成品牌内外环境之间物质循环、能量流动和信息传递的不畅，影响品牌优势的整体提高。组织的品牌管控应以品牌价值经营与提升为基本出发点，以品牌价值链和品牌生态系统的共生共荣和整体价值成长为原则实施和有序经营，促进企业品牌的持续价值成长和品牌生态系统的健康发展。

就整个品牌管理系统而言，品牌经营能力的提升与品牌资产的提升一体两面。有效的品牌组织经营有助于组织持续增强品牌经营能力，有效的品牌监测有助于企业全面了解市场和消费者对于品牌的认知、认可与反馈，有效地了解品牌信息，掌控品牌信息，评估品牌经营。有效的品牌管控也有助于企业全面、实时、系统地掌控品牌，有效地规划品牌、经营品牌、监测品牌、评估品牌、改善品牌，由此构建动态发展、持续提升的螺旋圆环，在持续能力中不断提升组织的品牌价值与品牌资产。

本章将以问题为导向，主要围绕品牌管理组织制度建设，品牌运营管理和品牌监测，品牌认证、溯源与防伪展开探讨。

第一节 组织管理

随着社会发展和客户价值需求的变化，企业也经历了从生产导向到产品导向，到客户导向的发展历程。企业的组织发展模式也随之不断地发展进化，许多企业经历了从生产型组织到产品型组织，由产品型向品牌型组织的动态演进历程。现在和不远的将来，以客户为导向，以品牌管理与经营为核心的品牌型组织正成为重要的组织管理形式；同时也有越来越多的组织更为注重通过组织进行变革和改善，在组织和运营管理层面改善和强化品牌运营管理能力，系统增强企业的品牌价值和品牌竞争力。

一、品牌管理组织体系建设

对于跨国企业、国有大型企业、民营企业，以及处于不同发展阶段和发展规模的企业，品牌管理的组织设计具有较大的差异性，需要根据企业发展的内外部因素系统分析，结合企业发展战略和组织现状，实施有针对性的品牌运营组织模式设计。本章以具有一定发展规模，走向规范化管理的企业为例，阐释基本的品牌管理组织建设思路，以供企业借鉴。对于此类企业，在品牌管理组织建设上采用三级品牌管理模式较为成熟。

（1）品牌管理委员会——由公司高层领导组成，是品牌管理、决策、监督的最高机构。

（2）品牌管理部门——由公司总部市场部或品牌管理部门组成，负责品牌战略的规划、执行、控制。

（3）品牌执行部门——由各分（子）公司、基层企业的专职人员组成，负责执行公司品牌建设战略和日常品牌运营工作。

设立三级管理机构的目的，一是在组织层面将公司品牌战略与发展战略统一，并建立品牌战略规划、协调和沟通机制。二是在组织层面建立品牌管理运营与协调机制，确保企业品牌机制，建设统一到集团的发展战略中。三是确保公司品牌战略的有效执行，避免分（子）公司、基层企业在品牌建设中的单独行动。

二、总部型企业的品牌管理组织架构

总部型企业的品牌管理强调对于品牌的集中控制与统一管理，以有效运营企业的品牌资源，确保品牌管理的有序性与一致性，确保品牌经营的高成效与低成本，确保品牌形象的一致性。

品牌组织管理通过各层级品牌管理组织的结构设计与职能设计来实现。通过组织模式、制度与流程、岗位职能职责的构建，以及品牌经营绩效相关的薪酬绩效设置与考核，以此在组织、制度与人的层面上实现对品牌的有效管理。

（一）品牌管理体系的人员管理模式

企业的品牌管理运营有六大支撑。第一层面，由企业品牌管理委员会提供品牌管理战略支撑。第二层面，由企业品牌管理组织体系建设提供组织支撑。第三层面，由品牌管理制度体系建设提供制度支撑。第四层面，由企业通过品牌管理运营人员的选拔、任用、培养、考核评估、竞争辞退机制提供人力资源管理支撑。第五层面，由品牌产品相关的价值载体的传递提供物质支撑。第六层面，由品牌利益相关群体的价值协作提供系统支撑。在品牌运营管理中，负责品牌运营的品牌总监与品牌经理居于品牌价值管控体系的核心地位。

企业的品牌管理委员会负责公司层面的品牌战略管理、决策与监督。品牌总监负责公司品牌经营部门的管理，负责公司整体的品牌战略规划与品牌运营管理，以及分子公司的品牌经营管理与督导。品牌经理负责具体品牌的经营管理，并在所负责品牌领域对分子公司的品牌经营予以指导。分子公司品牌经理负责特定地域和业务领域的品牌经营管理。由上到下，形成系统的品牌运营管理体系。

（二）品牌管理委员会

品牌管理委员会是公司总经理领导下的品牌管理、决策、监督的最高机构。

（1）建议人员组成。公司董事长，总经理，市场副总经理，销售副总经理，财务副总经理，人事副总经理，生产副总经理，品牌总监等。

（2）基本职责和权利。

1）对品牌进行战略性管理。

2）拟定品牌阶段性发展目标。

3）审定品牌定位、品牌内涵、品牌视觉识别系统。

4）审批品牌年度发展计划。

5）审批品牌管理的相关制度。

6）审批品牌传播与管理方案。

7）负责品牌资产的经营决策，有效利用品牌资产。

8）负责对品牌的延伸进行监控。

9）协调品牌跨部门问题，最终裁决跨部门问题，并做出相应处理。

（三）品牌管理部门的工作职责与权力

品牌管理部门的工作职责与权力，与品牌总监的工作大致相同，下文以品牌总监的工作职责予以描述：

（1）对公司品牌进行战略性管理，维护品牌资产，确保所负责品牌的市场份额、利润和投资回报的最大化。

（2）负责公司所有品牌的营销战略、年度营销计划的制定和实施（包括产品组合管理、价值号召力、定价）。

（3）设置和认可所负责品牌体系的销售目标和奖励制度，激励业务代表和经销商对该品牌产品的支持。

（4）公司 CI 管理。

（5）主持或参与驱动公司新产品品牌的开发，计划新产品的投放。

（6）制订品牌推广计划（年度、季度整合传播计划和策略指引），并参与管理市场推广组合，如促销、产品包装、POP、Events 等。

（7）管理、培养、考核与评估所属的品牌经营团队，指导下属分子公司品牌管理团队。

（四）品牌经理的工作职责

一定程度上，品牌总监或品牌经理是组织品牌管理与运营的核心规划者与执行者，品牌经理的工作能力与工作效率决定了品牌管理的效果。组织应该在品牌经理的选用育留上，在品牌管理的预算与权责赋予上给予有力的组织支撑，以确保品牌经营的成效。

（1）对产品品牌进行战略性管理，维护品牌资产，确保所负责品牌的市场份额、利润和投资回报的最大化。

（2）负责本品牌营销战略、年度营销计划的制定和实施（包括产品组合管理、价值号召力、定价）。

（3）设置和认可所负责品牌的销售目标和奖励制度，激励业务代表和经销商对该品牌产品的支持。

（4）参与所负责品牌的新产品开发、产品上市与市场营销工作。

（5）制订所负责品牌推广计划（年度、季度整合传播计划和策略指引），并参与管理市场推广组合，如促销、产品包装、POP、Events 等。

（五）品牌管理部与其他相关部门的工作配合

（1）人力资源部，包括员工管理培训和文化管理两方面，主要配合：1）参与品牌部门员工的选用育留，考核评估；2）与品管部一起组织实施品牌意识的内部培训；3）企业文化与品牌意识是公司员工招聘、员工日常行为规范、员工考核的重要依据。

（2）市场营销部，包括销售管理和市场营销两方面，主要配合：1）与品牌部沟通，在市场推广时考虑品牌推广因素；2）销售中兼顾品牌长期发展的要求。

（3）客户服务部，包括电话中心管理和客户关系管理，主要配合：客户服务过程中注重品牌价值的要求。

（六）分子公司品牌经理工作职责

分子公司品牌执行部门的工作职责与权力，与分子公司品牌经理的工作大致相同，下文以分子公司品牌经理的工作职责予以描述：

（1）负责分公司本品牌营销计划的编制、组织实施和监控。

（2）协助分公司经理完成本品牌日常业务管理、市场开拓及网络管理工作。

（3）分子公司层面的公司 CI 管理。

（4）负责本品牌阶段性推广计划的制订，并组织实施。

（5）负责本品牌新产品的选样及投放。

（6）激励业务代表和经销商对本品牌的支持。

第二节 运 营 管 理

品牌运营重在系统规划有效执行，建组织，定目标，有计划，有预算，监测成效，做评估，有考核，落实绩效，这些都是品牌运营执行环节的要点。

在品牌经营管理实践中，我们也总结了有利于企业有效品牌管理的七条原则：把握道德，济世利民，避免欺世害民。把握战略，系统规划，避免盲目发展。把握价值，表里如一，避免华而不实。把握度，过犹不及，避免过度营销。把握速度，健康成长，避免急功近利。把握制度，完善规章，有序执行。把握考核，评估成果，有效激励。

一、品牌管理制度建设

建立高效能品牌管理组织的关键，在于建设完善的品牌管理制度，并认真遵守和贯彻执行，并落实到品牌管理部门的绩效考核中。品牌管理制度建设在品牌管理实践中以《品牌管理手册》《品牌 VI 手册》《品牌推广手册》的建设与执行为核心。品牌管理制度的主要内容包含但不限于下列内容：

（1）会议协调制度。

（2）品牌组织管理制度。

（3）品牌年度预算制度。

（4）CI 管理制度。

（5）媒介采购与评估制度。

（6）宣传品制作发布流程。

（7）广告投放控制制度。

（8）活动管理制度。

（9）品牌监测与评估制度。

二、品牌管理流程建设

企业在品牌运营管理中，应逐步发展和完善规范的品牌运营管理流程，在制度和流程层面确保企业品牌战略制定的规范性与可行性，确保组织品牌管理职责的清晰与明确性，确保运营管理的可控性与执行效率，确保市场反馈的及时性和准确性，系统增强组织品牌管理的效率与效益。品牌管理的主要环节都应制定规范、明确的管理流程，以确保品牌管理的规范和有序。

三、品牌的运营管理模式

在具体品牌管理组织实践中有许多模式，很多国有大型企业主要是由党委宣传部门负责品牌推广工作；多数企业由营销副总裁统管营销与品牌工作，营销部门下设市场部，主要负责公司品牌、产品品牌的市场推广工作，下面设有品牌专员对接具体品牌的媒介宣传工作。有的企业设有直接向总经理汇报的首席品牌官，统筹企业资源，全面负责企业的品牌运营管理工作。

在西方成熟的品牌管理实践中，品牌经理制是值得借鉴的品牌管理模式。品牌经理制管理模式是以品牌经理为核心统管与协调某个具体品牌的品牌管理与运营模式，包括全面负责该品牌所有事务的品牌管理模式，以主要负责品牌市场事务管理为主的品牌经理管理模式，或者是矩阵式品牌管理模式，主要负责品牌相关市场事务，但是协调该品牌相关的生产、研发、市场、营销与供应链体系的事务。美国宝洁公司是成功实施品牌经理制管理模式的典范。宝洁公司成功经营了海飞丝、飘柔、沙宣、SK-Ⅱ、玉兰油、汰渍等数十种世界级的品牌产品。其品牌运营模式是每一个产品品牌都由一个品牌经理来负责，统一整合资源，统一协调产品的生产、设计、市场和销售工作，并取得了世界级的成功。

笔者在企业品牌服务实践中，发现企业品牌管理的很多问题发生在品牌的组织管理与运营环节。首要原因是企业和企业家的观念和意识问题，企业对于品牌管理工作不重视，没有意识到品牌资产是企业资产的重要组成部门，具有很大价值，并且可以计入财务报表。许多企业甚至没有品牌管理部门与专业的品牌管理人员，缺乏适应企业发展阶段的合适的品牌管理模式和方法。很多产值数亿元的企业甚至只有一个地位低微的品牌管理员。缺乏组织与专业人员支撑，企业的品牌建设与经营也无从谈起。很多企业没有品牌战略规划，没有品牌建设的预算，每年主要的品牌经营活动就是参加行业展会，在行业刊物上打两则广告。有的企业没有品牌规划在前，而是盲目地花费几百万元请明星做为期两年的广告代言，但也只是在合同中指出拍些照片，发些新闻，一用两年，缺乏持续的品牌规划执行和有秩序的组织活动以持续扩大品牌营销效果，巨额资金投入与品牌营销效果不匹配。

鉴于中国企业品牌建设的整体落后现状，企业重视和加强品牌组织建设，在内部注重选聘专业品牌人才并投入资源支持品牌建设工作，在外部与专业品牌管理机构和品牌专家合作，都是提升品牌管理与经营水平，进而提升品牌资产的有效方式。

第三节 监测与评估

对组织而言，品牌的管控与经营是一个动态的、持续经营与改善的长期过程，有效的品牌管控需要实施有效的品牌监测与评估。企业实施品牌监测，全面、精准、实时、动态地监测品牌，有利于全面、实时、精准地监测市场信息、竞争态势、品牌经营信息、客户信息和客户反馈。企业以品牌监测结果为依据，定期评估品牌在市场中的发展状态与经营效果，可以更合理地改善企业发展战略，及时调整品牌经营方略，改善品牌沟通策略，从而持续改善和提升品牌。

一定意义上，品牌监测与评估可以成为一个品牌经营循环的结束，也可以成为新的品牌经营循环的开始。7C 品牌经营方略在品牌管控环节经由品牌监测与评估开始一个新的品牌经营与改善循环。企业品牌在有序的品牌管控中，在动态的品牌经营方略中，在有组织的品牌经营执行中实现品牌资产的持续提升。

目前多数行业竞争激烈，市场变革迅速，信息繁杂难辨。有效地掌控品牌，评估品牌，持续改善与提升品牌也更为艰难。市场浪潮之下，诸如柯达、诺基亚等企业的兴衰之事也不绝于眼前。成功的企业有偶然也有必然。掌控信息，把握先机，筹谋深远，执行有力的组织有更大的成功可能性，品牌监测也因而更有意义，更为重要。而信息技术的发展，为应用信息技术等先进工具实施品牌监测与评估提供了先进的技术与方法支撑。

本节深入阐述品牌监测的概念、内容与方法，重点探讨网络品牌监测的特点、内容与方法，并以监测消费者、媒介等对于品牌的认知与反应为核心，探讨组织如何做好实时、全面、精确的品牌监测。品牌评估的相关内容，本书第三章的品牌价值评审与第二章的品牌资产部分已有详细论述，读者可以结合参看。

一、品牌监测的概念

品牌监测是组织及市场机构对于特定品牌信息的一种监测与管理行为，通常利用先进的信息采集技术收集与整理市场的品牌相关信息，并利用数据模型予以分析和评估。

品牌监测重点关注消费者对于品牌的认知与反应，以及品牌利益相关者、品牌竞争者、行业、社会公众等对于品牌的认知、评价与反应信息。品牌监测的领域包括媒介监测、口碑监测、搜索引擎监测等。

二、品牌监测的内容

一般来说，组织品牌建设的内容包括企业、产品、服务、信息化、渠道、终端、客户、媒介、搜索引擎、口碑、品牌体验管理等内容。不同行业的品牌监测又有不同的内容组合与权重差异。在实际的品牌经营中，企业的品牌经营状况会通过媒介表现、搜索引擎表现以及口碑表现等展现出来。组织可以通过品牌监测及时掌握与评估品牌信息，所以这三项也通常作为品牌监测的重点。

（一）媒体表现

媒体是组织和消费者之间实施品牌信息沟通，建立品牌联系的主要媒介。品牌是企业向消费者传播品牌信息的主要渠道，是消费者主动获取组织品牌信息的主要来源和重要途径，也是企业与消费者以及消费者直接实现沟通的主要管道。消费者对于品牌的了解，多数时候来自媒体，媒体对于品牌的传播，对于消费者的舆论和价值倾向也有重要影响。因此，通过监测媒体表现加强组织了解品牌信息传播的广度、强度与深度，对于了解消费者与品牌的关系，包括品牌知晓度与偏好度、美誉度等都至关重要。

品牌的媒体表现包括电视广播媒体表现、平面媒体表现、网络媒体表现、户外媒体表现和移动媒体表现五种。一般而言，企业对于品牌媒体表现监测的关注点在于媒体曝光度、好评度以及媒体覆盖率等。

（1）媒体展露度。媒体展露度是指品牌在媒体上的曝光程度、被提及程度以及转发程度。值得注意的是，这里的媒体展露包含正面及负面展露。

（2）媒体好评度。媒体好评度是指媒体对于企业品牌或产品持好评或产生正面影响的报道数量占报道总数的比例。媒体好评度是衡量企业形象的重要指标。

（3）媒体覆盖率。媒体覆盖率是指在广告媒体所能发挥重要作用的地域范围内，能够接触媒体的人数占总人口的百分比。其公式为：

$$\text{媒体覆盖率} = \text{某一区域内某一媒体的主要受众人数} / \text{该区域内人口总数} \times 100\%$$

任何一种媒体都只能在一定地域范围之内发挥作用，超出了这一范围，其作用将明显减少或完全消失。企业可以通过媒体覆盖率来统计关于自身品牌的某一条信息的受众人群数量和造成的影响范围，以衡量某一事件或品牌的舆情爆发度，评估自身品牌建设的效果或负面事件造成的影响程度。

（二）消费者口碑

（1）企业荣誉，是包含社会各界对品牌授予的奖牌和嘉奖称号，这种荣誉能给用户带来认同感和满足感，是直接产生品牌口碑效应的一个指标。

（2）产品应用消息，是指消费者及媒体对于品牌及品牌产品的销售及使用效果的报道与反馈消息。

（3）消费者满意度/推荐度，是指消费者对于品牌消费的满意程度，可以采用问卷调查、访谈，以及客户推荐度的方式来调查。

(4) 消费者网络反馈度，是指消费者在网络上对于品牌及产品报道、点评量、推荐、反馈等信息。

(5) 企业公民行为的反馈度，是指消费者对于企业外部的社会公益等领域的价值观践行情况，以及法规遵守情况等行为表现的反馈意见。其主要包括对中国法律、法规遵守情况，防范腐败贿赂等交易中的道德行为准则问题，以及对公司小股东权益的保护。

1）供应链伙伴关系，主要包括对供应链中上、下游企业提供公平的交易机会。

2）员工权益保护，主要包括员工安全计划、就业机会等。

3）环境保护，主要包括减少污染物排放、废物回收再利用、使用清洁能源、减少能源消耗、共同应对气候变化和保护生物多样性等。

4）社会公益事业，主要包括员工志愿者活动、慈善事业捐助、社会灾害事件捐助、奖学金计划、企业发起设立公益基金会等。

5）消费者权益保护，主要包括企业内部执行较外部标准更为严格的质量控制方法，对顾客满意度的评估和对顾客投诉的积极应对，对有质量缺陷的产品主动召回并给予顾客补偿等。

（三）搜索引擎结果

目前搜索引擎已经是网民应用网络的主要入口，是品牌信息展示的重要平台，也是品牌监测的重要领域。品牌监测搜索引擎结果重点关注下列因素：

(1) 搜索引擎结果中媒体报道的数量与质量。

(2) 搜索引擎结果中主流媒体的占比。

(3) 搜索引擎结果中企业品牌正面信息占比。

(4) 搜索引擎结果中是否出现敏感、负面信息。

三、品牌监测的传统方法

品牌监测以往常用的方法包括问卷调查、网络调研等方法。

（一）问卷调查

问卷调查法（问卷法），是调查者运用统一设计的问卷向被选取的调查对象了解情况或征询意见的一种调查方法和数据收集手段。当企业想通过社会调查来了解自身品牌或产品形象时，可以用问卷调查、访谈等其他方式收集数据。问卷调查假定研究者已经确定所要问的问题，这些问题被打印在问卷上，编制成书面的问题表格，交由调查对象来填写，然后收回整理分析，从而得出数据和结论。

问卷调查是以书面提出问题的方式收集资料的一种研究方法。问卷法的运用，关键在于编制问卷、选择被试和结果分析。研究者将所要了解的问题编制成问题表格，以邮寄方式、街头访问、当面作答或者追踪访问方式填答，从而了解调查对象对某一现象或问题的看法和意见，故又称为问题表格法。问卷调查，按照问卷填答者的不同，可分为自填式问卷调查和代填式问卷调查。其中，自填式问卷调查，按照问卷传递方式的不同，又可分为报刊问卷调查、邮政问卷调查和送发问卷调查；代填式问卷调查，按照与被调查者交谈方式的不同，又可分为访问问卷调查和电话问卷调查。

作为最传统的品牌监控方法，问卷调查法存在诸多弊端。例如，样本采集困难、人力物力投入大，采集周期长、及时性不够、可控性不强、费用昂贵等。因此，随着网络的普及，传统的线下方式已更多地被网络问卷调查方式所替代。

（二）网络调研

随着信息技术的发展，市场调研产业已从传统的街头访谈、问卷调查，开始向基于互联网调研方向转变，基于互联网的网络调查以技术创新为突破口，以消费者参与和消费者行为分析为方法，不仅缩短了数据采集的周期，还强化了企业调研与分析市场的高效决策进程。同时，网络调查也大大降低了市场调研成本，降低了市场调查的门槛，扩大了市场调研的应用范围与应用规模。

网络调研是指利用 Internet 技术进行调研的一种方法，网络调研一般有以下三种方法。

（1）在线访谈。在线访谈通过 Java 编写专门的网站应用程序建立网民访谈界面，随机选择访问者，弹出问卷窗口，并通过奖励等方式鼓励与邀请网民参加访谈与调研。在线访谈与传统询问法相似，只是调查人员可以根据计算机显示器上读出的问题，同时向多个被调查者提问，并将他们回答的数据直接录入数据库后台。在线访谈法可在同一时间里向 40 个人进行询问，且具有较高的经济性，并可以消除从询问表到输入计算机的大量工作和差错。在线访问也能帮助企业以更快速、更廉价的方式得到更为详细的调研资料。

（2）计算机辅助电话询问系统（CATI）。计算机辅助电话询问系统在美国十分普及。当利用这种方式进行调研时，系统可以根据随机数抽样得出电话号码并拨号，每一位访问员都坐在一台计算机终端或个人电脑前，当接通被访问者电话后，访问员通过一个或几个键启动机器开始提问，需要提出的问题及备选答案便立即出现在屏幕上。

CATI 的一个优点便是统计工作可以在任何时候进行，无论是在访问了 200 名、400 名还是其他任何数量的受访者的时候。以往传统的访谈，都要在全部访问样本调查完后的一周甚至更长的时间后才能开始统计工作，而 CATI 系统在这方面却很有优势。

CATI 系统也有其不利的方面：一是 CATI 系统是为电话屏幕访谈设计的，这就使被访问者接受的屏幕格式受到限制；二是 CATI 系统主要使用语言技术进行信息的收集，还未能充分地显示出网络调研在图片播放等方面的优势。

（3）E-mail 问卷方式。E-mail 调研问卷调研方式，一是直接在 E-mail 中设计调查问卷，二是在邮件中指向具体的网络调研链接地址，被调研者可以点击进入调研网页参与调研。调研者设计一份 E-mail 邮件，将调研主题、内容、调研参与者使用方式、参与者奖励方式等信息设计好，并按已选好的 E-mail 地址发出，被访问者回答完毕将问卷反馈给调研机构。

网络调研作为一种基于互联网的调研方式，依然有其局限性，信息及时性一般，作为问卷调查的互联网应用模式，其监测的问题不能摆脱问卷的局限性，在实时性方面依然存在较为明显的不足。

四、网络品牌监测

网络品牌监测是指组织应用互联网信息采集技术及信息智能处理技术，通过软件工具和爬虫技术智能抓取设定的品牌信息，以全面、实时监控网络上的组织相关品牌信息，通过信息分析与处理自动生成简报、图表、报告等分析结果，为组织的网络品牌信息管理服务。网络品牌监测系统通常由信息采集、信息处理、信息分析和信息输出四部分组成。

（一）网络品牌监测的服务流程

在品牌监测实践中，有效的网络品牌监测需要企业结合品牌持续建设与经营的需要，以有利于品牌监测、评估与改善为原则，明确品牌监测的重点内容与方式，并与品牌监测服务商共同协商确定。品牌监测的服务流程，包括了解服务需求、组建服务团队、确认服务内容、设置监测系统、设置监测内容、实施危机预警、提供监测与评估报告等过程。

网络品牌监测的要素包括监测对象、监测范围、监测内容、监测方法、监测结果输出等内容。品牌监测需要了解 5WIH 的信息，包括原因（何因 why）、对象（何事 what）、地点（何地 where）、时间（何时 when）、人员（何人 who）、方法（何法 how）六个方面。品牌监测需要重点关注针对一个品牌或者一个事件，首先要了解用户相关的评论内容是什么，是谁发表这样的意见，为什么要发表这一个意见，针对哪个主题进行讨论，发布在什么媒体上，什么时候发布，哪些是真实信息、具有监测和反馈意义，信息的正负面属性是什么，传播和转载量是多少，信息的重要性如何，如何输出监测成果、如何运用监测成果服务于企业的品牌评估与品牌改善。需要指出的是，企业对于监测到的负面信息必须及时有效地进行危机公关，以维护品牌声誉。

（二）网络监测的对象

品牌监测需要设置明确的对象与目标，消费者口碑是品牌监测的重点。企业还可以根据品牌建设需要将品牌与特定目标或人群建立关联，以监测特定的目标或人群对于品牌的反应，以及品牌关系的广度与强度。企业信息，通常以企业、产品品牌、企业家和企业重要人物以及产品信息作为监测重点。企业其他的重要和敏感信息，包括服务、质量、公益活动等内容也是企业监测与分析的重点。企业也会对自身所处的行业环境和竞争环境进行监测，以便从整体上把握行业的发展动态、自身品牌在行业中所占的份额和所处的地位等发展情况。同时，竞争环境、行业竞争态势、竞争对手信息、竞品信息、市场促销信息等也是监测重点，质量事故、伤亡、丑闻等品牌危机信息也是品牌监测以及后续品牌危机管理的重点。这些都需要通过关键词设置以有效实施网络品牌监测与分析。

（三）网络监测的范围

根据不同的维度，监测范围所指的内容也不尽相同。所谓的监测范围，既有地域范围，又包括监测平台范围，如线下人群监测或是网络监测等。其中，网络信息的监测又可细分为网络媒体、搜索引擎、论坛、博客、微博、微信、百科、文库等；电商网站、视频网站、音频网站、图片网站等。目前网络监测运营比较成熟的是对于文字类内容的监测。企业在品牌监测实践中需要根据自身需要选择监测的范围。

（四）网络监测的内容

对于企业而言，品牌监测内容的确定应有利于有效地监控与评估品牌，企业应考虑重点关注哪些品牌信息，重点关注哪些传播媒介，如何设置品牌监测指标的权重，如何设置危机舆情信息。具体表现在设置哪些监测关键词，一是产业相关信息，二是企业相关信息，三是竞争者相关信息，四是危机信息，五是重要监测的媒介对象。

（1）口碑监测。对于品牌监测而言，品牌消费者是主要的监测对象，消费者通过论坛、博客、微博、微信等渠道自主表达与互动沟通所形成的网络口碑也是监测重点，应通过关键词设置予以关注。

（2）搜索引擎监测。主要监测企业品牌信息在搜索引擎展现信息的质量、数量、排名、竞争比较，以及负面信息数量等。需要选择主要的搜索引擎，目前主要是百度、谷歌、360 搜索、微软的必应搜索等。

（3）媒体监测。哪些主要媒介是企业关注的重点，主要媒体传播媒介的质量、数量、转发量、评论量等，需要设置重要媒体的名称、权重等关键因子予以监测。

（五）网络品牌监测技术方法

随着技术发展，网络搜索引擎技术和信息智能处理技术也取得了突破，在品牌监测的功能应用上也日趋强大与丰富。网络品牌监测系统的技术功能如下：

（1）海量数据抓取。监测媒体包括微博、论坛、博客、新闻、视频、问答网站等国内外网站。

（2）多维统计分析。提供网络信息分布趋势、搜索引擎曝光指数、预警指数、搜索引擎分布、网站类型分布、网站域名分布等多方位数据统计及分析。

（3）精准主题设置。提供“包含全部关键字”“包含任意一个关键字”和“不包括关键字”三种关键字设定条件来设定主题相关的特定关键字，并提供结果“预览”，方便调整设定。

（4）高级语义分析。独有的语义分析技术高效聚焦监测内容，自动检索各类话题的相似文章。可以多维度深入挖掘主题讨论内容，并针对挖掘后的内容进行自动统计和聚焦讨论趋势、来源分布、热门关键字等。

（5）便捷实时监测。每天监测报告和每周汇总报告相结合，提供每天和每周的邮件订阅，以及报告打印和分享功能。

（6）长期监测。可提供月度、季度、年度分析与总结报告。

（7）提供品牌危机监测与危机舆情。

（六）网络监测系统的输出成果

网络品牌监测的输出成果，通常包括品牌相关信息的行业信息分析、媒介传播效果分析、网络口碑分析、市场效果评估、品牌竞争情报分析、专项事件分析等内容。网络品牌监测基于全网媒体的实时、动态、精准监测，以及基于大数据的整理、统计与报表分析，为品牌的监测、评估与改善提供了优秀的工具与实践方法，以及先进的工具；也为困扰业界多年的如何更有效、更精准地监测与评估品牌提供了先进的解决方案。

信息时代，企业的经营也日益网络化，企业品牌的网络化经营也越来越广泛与深入。网络品牌监测与网络品牌经营互为支撑，都成为信息时代企业品牌建设与经营的重要方法和手段，需要在不断地探索与实践中总结经验，持续提升。

五、品牌运营评估

品牌监测之后是定期的品牌评估。有效地评估品牌有助于企业及时发现和改善品牌经营中的问题，并根据评估效果及时调整和改善品牌运营策略和措施。

通常我们可以关注以下所列指标来评价品牌经营效果，通过权重设计评分对品牌价值和品牌声誉予以评估，并可监测评估行业领先企业的品牌经营状况以实施对标分析，做出针对性的品牌改善与提升。

（1）品牌识别率。

（2）品牌知名度。

（3）品牌渗透率。

（4）品牌认可度。

（5）处理满意率。

（6）品牌顾客转移率。

（7）品牌吸引新顾客的数量。

（8）品牌溢价能力。

（9）品牌投资回报。

第四节 认证、溯源与防伪

对于组织而言，有成效的经营源自物化的产品与服务在产、供、销诸环节有质量的价值创造与价值提供，虚拟化的品牌信息与客户的持续的有质量的价值沟通，并通过客户识别、认知与信任建立，通过交易与消费为消费者创造价值。

发展中的组织需要有效地管理与经营日益复杂的商品流与信息流，也需要先进的数字管理工具全面、精准、实时地监测与管控产品在生产、流通、销售诸环节的来源、品质、数量、位置等产品信息；有效监测与管控附着在品牌产品上的品牌信息；有效监测与管控渠道与客户消费信息。组织需要在掌控产品流、品牌信息流的基础上，基于市场与竞争态势规划和实施合适的发展战略、品牌战略与产品战略，逐步集聚核心资源和能力，实现有质量、有成效的管理与经营。

本章致力于在商品流与信息流协同管理与经营层面，从数字品牌管理经营的视角，探讨品牌认证、溯源与防伪领域的品牌经营模式、方法、工具与应用。相对于品牌监测与管理更注重品牌信息的挖掘、分析与管理、营销。品牌认证、溯源与防伪系统的构建与经营基于二维码技术等数字技术工具，其更为注重对于组织产品信息流、品牌信息流的关联管理与数字化经营，更为关注对于产品信息流与品牌信息流的精确监测、管控与协同经营、协同营销。

契合组织经营需要与信息技术的发展、二维码等数字技术工具应时而生并走向成熟。由于其技术领先性、高互联性、高数据容量及低成本特点，已逐步成为链接商品流与品牌信息流，促进组织实物产品与品牌信息协同经营，促进产品流与大数据流协同经营最得力的工具之一，也成为组织实施品牌认证、溯源与防伪的主要方法与工具。本节也将详细探讨基于二维码技术等数字技术构建品牌认证、溯源与防伪应用体系的模式与方法，以及二维码技术在品牌认证、防伪、溯源、供应商管理、渠道管理、品牌推广、促销管理、客户关系管理中的诸多应用。

一、概念与内容

品牌认证、溯源与防伪是指为了品牌识别、保真、保值和增值而实施的品牌注册、标记、数字技术标识等方法、技术与举措。

商标注册是指商标的使用人为了取得商标专用权，将其使用或准备使用的商标依照法律规定的条件原则和程序向商标主管机关提出注册申请，经商标主管机关审核予以注册的制度。商标注册是确定商标专用权的法律依据只有经国家商标局核准注册的商标才受法律保护，该商标所有人才享有商标专用权。

品牌认证技术是指组织对品牌产品实施先进的品牌认证与技术防护方法，以有效做好品牌的唯一标记和标记识别体系，用户可以通过唯一的标记和对标记的识别达到品牌产品的真品鉴别，实现品牌产品的识别与防伪。

品牌防伪技术，是指为了达到品牌防伪目的而采取的技术手段，它是在一定范围内能准确鉴别品牌及品牌产品的真伪，却不易被他人或机构仿制和复制的技术。简单地说，就是防止品牌伪造、仿冒的技术。

品牌溯源技术是指组织构建有效的技术手段标记品牌识别信息，以在产品采购、生产与流通过程中实现产品信息的全程记录与可追溯。当产品发生问题时，根据相关的记录逆向逐级查找产品信息，直到找到问题所在。便于企业及时定位产品问题，查找原因和解决问题，为品牌产品信息管理提供了逆向可溯的查询手段和全程监控体系。

组织采用二维码等先进技术手段实现品牌认证、溯源与防伪，是实现品牌产品保真、保值与增值的重要手段，有助于确保品牌产品品质、提升品牌溢价、建立消费者信任。组织采用二维码技术，还可实现产品流与信息流的协调监测与管控。组织可通过附加在产品上的品牌信息流管理实施与消费者的品牌推广、互动沟通和客户关系管理，这也是实现有效数字品牌管理的重要方法。

二、商标注册与保护

商标注册与保护是实施品牌认证，有效保护品牌的重要方法。企业可以通过规划和设计商标来建立品牌识别，并统一应用于企业的产品与服务，以形成相对于竞争对手的有效品牌区隔，建立客户认知。同时企业可以通过注册品牌商标和外观保护，以及知识产权等方式保护商标等无形资产，并通过法律手段来实现对于品牌及品牌产品的有效保护，打击假冒伪劣产品。

在企业品牌经营与商标管理实践中，结合我们的经验，商标管理通常包括商标战略规划，商标设计与注册，商标侵权法律事务处理，商标买卖，驰名、著名商标申办等内容，牵涉到专业事务，一般由专业机构协助企业处理更为高效。

（一）商标管理

企业商标管理主要包括下列内容：

（1）商标查询、设计、注册。

（2）国际商标的查询、设计、注册。

（3）商标变更、转让、许可、续展等。

（4）商标许可合同备案、补正、商标专用权质权。

（5）商标异议、争议、驳回。

（6）撤销注册不当商标的申请和答辩。

（7）申请著名、驰名商标的认定。

（8）商标疑难问题咨询和服务。

（9）企业闲置商标出让、交易。

（二）驰名、著名商标申办与管理

目前国家和省市工商局为有效地保护企业商标，开展了驰名、著名商标申办业务。国家一级申办国家驰名商标，省市一级申办省著名商标、市著名商标，并有一定的保护和奖励政策。企业在经营良好，达到一定的规模后，申办驰名、著名商标有利于更好的品牌推广与商标保护。

（1）驰名商标申请认定条件。驰名商标申请的认定条件，一般包括下列关键因素：

1）相关公众对该商标的知晓程度。

2）该商标使用的持续时间。

3）该商标的任何宣传工作的持续时间、程度和地理范围。

4）该商标作为驰名商标受保护的记录。

5）该商标驰名的其他因素。

6）认定驰名商标以省著名商标的评定为有利条件。

（2）驰名商标认定的方式与途径驰名商标认定一般包括下列方式和途径：

1）经商标侵权民事诉讼程序向人民法院申请依法认定驰名商标（认定时间通常为1年）。

2）经商标侵权行政程序向工商行政管理机关申请认定驰名商标（认定时间通常为2年）。

3）经商标异议、争议等程序向商标局申请认定驰名商标（认定时间通常为2年）。

（3）驰名商标申请认定所需材料。

1）驰名商标认定申请人的营业执照副本复印件。

2）驰名商标认定申请人委托商标代理机构代理的，应提供申请人签章的委托书，或者申请人与商标代理机构签订的委托协议（合同）。

3）使用该商标的主要商品或服务近三年来主要经济指标（应提供加盖申请人财务专用章以及当地财政与税务部门专用章的各年度财务报表或其他报表复印件，行业证明材料应由国家级行业协会或者国家级行业行政主管部门出具）。

4）使用该商标的主要商品或服务在国内外的销售或经营情况及区域（应提供相关的主要的销售发票或销售合同复印件）。

5）该商标在国内外的注册情况（应将该商标在所有商品或服务类别，以及在所在国家或地区注册情况列明，并提供相应的商标注册证复印件）。

6）该商标近年来的广告发布情况（应提供相关的主要的广告合同与广告图片复印件）。

7）该商标最早使用及连续使用时间（应提供使用该商标的商品或服务的最早销售发票或合同或该商标最早的广告或商标注册证复印件）。

8）有关该商标驰名的其他证明文件（如省著名商标复印件等）。

三、品牌认证、溯源与防伪的方法

企业发展过程中，随着品牌知名度和美誉度的提高，在受到消费者欢迎的同时，也常常面临被仿制和复制的风险，假冒伪劣产品常常随之涌现，有的仿冒产品还品质相近，消费者很难有效判断品牌产品的伪劣，这也为企业和消费者带来损失和伤害。目前有些地方和领域，优质品牌仿造复制已形成产业，屡禁不绝，防不胜防。诚信经营的优秀企业，其品牌多有认证、溯源和防伪的现实需要。在正品和仿冒产品此消彼长的持续斗争中，品牌保护的方式和方法也在不断发展和进步。现在市场上品牌表示的常用的方式有激光防伪技术、射频识别防伪技术、二维码溯源防伪技术等。

（一）激光防伪技术

激光技术实现品牌防伪是利用激光彩色全息图制版技术和模压复制技术完成的防伪标签，可实现的制版技术有：点阵动态光芒、一次性专用激光膜、3D 光学微缩背景、多彩光学随机干涉、中英文铀缩文字等。激光防伪技术目前主要包括激光全息图像防伪标识、加密激光全息图像防伪标识和激光光刻防伪技术。

全息防伪技术是采用激光全息图像建立品牌防伪标识。全息防伪技术具有图像清晰、色彩绚丽、立体感强、一次性使用的特点。多通道全息防伪在转动标识时，会看到在标识的同一位置上出现不同的图案。全息防伪技术主要包括：

（1）常规全息防伪技术；（2）多通道全息防伪技术；（3）隐形加密技术；（4）360°计算机点阵全息技术；（5）双层全息技术；（6）荧光加密全息技术；（7）动态编码防伪技术；（8）电话电码防伪技术；（9）核微孔防伪技术；（10）基因防伪技术。

隐形加密技术是将加密图案制作于标识的任一位置，在激光再现仪下方可看到加密图案。360°计算机点阵全息技术在图像360°的观察范围内会出现放射状、环状、螺旋状等光点的组合与变换，动感极强。双层全息技术能把全息标识揭开，还能看到印有图案和文字的第二防伪层，有双保险的防伪效果。

荧光加密全息技术原理与人民币荧光加密原理一样。动态编码防伪是将商标置于眼前，缓慢地转动商标会出现连续动作的图案。

电码防伪标识是由激光防伪技术和电话电码防伪技术相结合制作而成，通过查询统一的中心数据库可以核对真伪。

核微孔防伪标识由激光防伪技术和核微孔防伪技术组成，仅用一支水笔便可分辨真伪。基因防伪是在标识背胶中加入基因因子，通过专用仪器进行检测。

（二）射频识别（RFID）防伪技术

RFID射频识别（radio frequency identification，RFID）是一种无线通信技术，通过无线电信号识别特定目标并读写相关数据，而无须识别系统与特定目标之间建立机械或者光学接触。采用射频识别也是实施品牌认证、溯源与防伪的重要手段。

品牌产品实施射频识别时，无线电信号通过调成无线电频率的电磁场，把数据从附着在物品上的标签上传送出去，以自动辨识与追踪该产品。品牌标签在射频识别时从识别器发出的电磁场中就可以得到能量，并不需要电池；也有标签本身拥有电源，并可以主动发出无线电波（调成无线电频率的电磁场）。标签中包含了电子化存储的品牌信息，数米之内都可以被识别。与条形码不同的是，射频标签不需要处在识别器视线之内，也可以嵌入被追踪物体之内。

目前许多行业都运用了射频识别技术。将品牌产品标签附着在一辆正在生产中的汽车，厂方便可以追踪此车在生产线上的进度。制药企业，药品在生产、仓储和流通中也可以动态精确追踪药品的位置。某些射频标签附在衣物、个人财物上，甚至于植入人体之内。在养殖领域，射频标签也可以标记在牲畜与宠物上，方便对牲畜与宠物的积极识别（积极识别意思是防止数只牲畜使用同一个身份）。

（三）二维码技术

二维条码/二维码（2-dimensional bar code）技术是指采用某种特定的几何图形按一定规律在平面（二维方向上）分布的黑白相间的图形记录数据符号与品

牌信息。二维码技术在代码编制上巧妙地利用构成计算机内部逻辑基础的“0”“1”比特流的概念，使用若干个与二进制相对应的几何形体来表示文字数值信息，通过图像输入设备或光电扫描设备自动识读以实现信息自动处理。二维码技术具有条码技术的一些共性：每种码制有其特定的字符集，每个字符占有一定的宽度，具有一定的校验功能等。同时还具有对不同行的信息自动识别功能及处理图形旋转变化等特点。

二维条码具有储存量大、保密性高、追踪性高、抗损性强、备援性大、成本便宜等特性，这些特性特别适用于表单、安全保密、追踪、证照、存货盘点、资料备援等方面。利用二维码标识的数据存储能力，组织可以将产品信息、品牌信息、企业信息、网站信息、营销信息等丰富信息编入二维码中，并根据二维码系统的编码原则，为组织品牌的每一个产品赋予唯一的二维码。组织在后续所有经营环节均可通过扫描和监控该产品的二维码获取品牌产品全部信息，消费者也可以通过扫描二维码获取品牌产品的相关信息，并与组织通过网络互联实现良性互动。

在欧美市场，二维码应用已较为成熟与广泛。相对而言，中国市场的二维码应用尚在推广普及阶段。二维码广泛应用的制约因素除了产业需求规模、行业应用方案成熟度、业内企业经营能力、运营商支持、终端硬件适配、盈利模式等多方面因素，还有社会发展环境和企业家经营意识的问题。二维码由于其契合信息产业发展趋势，技术领先性与高数据容量，高互联性与低成本特点，将逐步成为链接商品流与品牌信息流，促进实物产品与品牌信息协同经营，促进产品流与大数据流协同经营最得力的工具之一。

四、二维码在品牌防伪中的应用

基于二维码技术的品牌溯源与防伪是指利用应用日趋广泛的二维码技术，依据二维码单品单码的特性，为组织的品牌产品都赋予一个唯一的二维码来实现有效的品牌溯源与防伪。消费者通过扫描这个产品随附的单品二维码，就可以有效实现产品的认证防伪和产品溯源。通过系统查询、追踪与商品管理，实现品牌的溯源防伪，并能依托二维码技术规划和实施商品信息管理、促销管理与客户管理。下文将详细阐述二维码在品牌溯源防伪中的应用。

鉴于二维码技术的数字化特征与技术领先性、低成本性，二维码技术特别适用于作为组织实施品牌溯源防伪的核心技术，以及协同产品信息与品牌经营信息的最佳管理工具。目前二维码技术在品牌与产品经营过程中的应用主要包括利用二维码构建品牌产品识别标识、产品物流储运管理、品牌产品电子结算凭证、产品渠道经营与防窜货管理、品牌促销管理、客户关系管理，以及售后服务等环节。

（一）品牌认证与防伪

品牌防伪是通过对产品的认证防伪来实现的。主要是对产品采用二维码的唯一性和生产工艺的保密性，二者缺一不可。产品防伪是为每一个产品赋予一个唯一的二维码。这个码的唯一性可以通过企业系统为其赋予，也是采用国家二维码注册解析中心统一注册的，可实现全球唯一性。我们可以由此唯一地确定该产品在生命周期内商品生产、流通、营销方面的信息。如果通过二维码信息监测发现一个品牌产品的二维码同时出现在多个地方，或是出现在消亡时间以后，那么二维码所代表的产品就会被系统拒绝识别和判定为假货。

品牌防伪也会引出第二个问题，为了保证该二维码的唯一性，该二维码的生产工艺和加密方法就需要保密。由于二维码生产工艺的保密性和环境建设的唯一性，可以通过硬件绑定、软件算法绑定与品牌绑定确保每一企业所产生的二维码的权威性与唯一性。这样即使有另外企业复制该企业生产环境或是二维码的生产工艺，也无法生产出与该企业相同的二维码，从而保证了二维码的保密性与唯一性，有效实现品牌溯源与防伪。

（二）品牌溯源

产品溯源是对产品追本溯源，全程监测产品的源头原材料、生产、仓储流通、销售诸环节，通过信息技术手段实现对产品的全程可追溯管理。基于二维码的品牌溯源系统是利用二维码软硬件系统对组织品牌下的所有产品，都赋予一个唯一二维码作为其系统的身份，通过移动互联技术，完成产品从生产、储运、营销、售卖、使用、维修服务，直至产品报废消亡的整个生命周期的记录与追踪。同时，通过二维码自动识别与快速检索，可以实现产品生命周期各个过程的记录，实现逆向的追本溯源，用来查找问题、定位问题、协助解决问题，这样的一个系统就是一个溯源系统。

产品溯源最早是1997年欧盟为应对“疯牛病”问题而逐步建立并完善起来的食品安全管理制度。这套食品安全管理制度体系由政府进行推动，覆盖食品生产基地、食品加工企业、食品终端销售等整个食品产业链条的上下游，通过类似银行取款机系统的专用硬件设备进行信息共享，服务于最终消费者以确保食品质量安全。一旦食品质量在消费者端出现问题，可以通过食品标签上的溯源码进行联网查询，查出该食品的生产企业、食品的产地、具体农户等全部流通信息，明确事故方相应的法律责任。

组织建立一套二维码创建系统，可以为每一个单体产品赋予一个二维码，实现品牌溯源。组织同时也为消费者提供了一个产品品牌信息交互平台，让用户通过互联网接入平台可以得到产品真品的验证，实现产品的认证防伪。消费者可以通过每个产品的唯一的二维码的电子身份证，利用二维码识别技术，通过联网查询实现该品牌产品正品、真品的甄别与放心消费。

（三）商品储运管理

二维码在商品储运管理中的应用，主要是利用二维码技术实现商品的仓储和物流的全程数据化管理。组织可以利用二维码的唯一性和自动识别的特点，通过对产品包装及产品上标识的二维码的自动监测与识别，实现产品在物流运输过程的全程记录、跟踪和监管，实现货物流与信息流的同步监控，实现智能物流管理。同时，组织通过商品上标识的二维码，可以有效实施商品在各级仓库的快速精准的出入库管理，实现智能仓储，自动入库、出库、盘库等管理。

通过二维码技术应用，组织可以有效地实施物流运输过程中的精确定位、精确监控，以及防损、防错管理。如果商品在物流仓储过程中出现问题，则可以通过系统，利用二维码技术实现数字化的商品储运追溯，快速精准地查找问题、定位问题、解决问题。

（四）渠道经营防窜货管理

基于二维码技术实施渠道经营中的防窜货管理，主要是利用二维码技术实现渠道产品流的数字化管理，通过附着在产品上的二维码信息精准掌控产品的渠道流通信息、有效防止窜货与假货。同时利用电子凭证，实现电子结算，助力组织O2O 商业模式的高效运营。

组织利用产品上附着的二维码信息的唯一性，可以针对各个产品流通渠道进行精确管理。企业可以设定每个渠道的流通产品的独立二维码确立产品的唯一身份标识，并通过此二维码作为结算依据实现产品的唯一确认与结算，从而实现产品的精准结算，以有效解决长期困扰企业的市场渠道窜货管理难题。在产品的渠道流通与销售过程中，由于每个渠道的产品都会覆盖一定的区域或领域，组织同时可以通过用户手机对产品的认证获得手机的位置，获取到产品的交易与使用位置，进而确定产品的位置和消费者，实现了商品的销售去向的有效确认。企业可以由此清楚地知道各个渠道里的每一产品的流通过程、销售去向及客户信息。如果某一区域出现了不属于该区域的二维码产品信息，说明该区域有窜货嫌疑，可以根据该二维码所属区域及时、精确地核查，进行问题处理。

（五）供应链管理

基于二维码实施供应链管理是指利用二维码技术，通过对于附着在产品上的二维码信息实施精确监测与管控，实现对于整个产品生产流通过程的实时、精准管理，以及对于产品流和产品信息流的精确有效的管控，以有效管理组织的供应链体系的经营质量、效率与效益。

组织对于上游供应商的管理可以采用供应商准入制度管理，只有获得供货品质认证和准入的企业才能给企业供货。组织可以利用二维码技术标记供应商的原材料、零部件和产品，实现供应商产品的标准统一与有效识别。每个供应商的产品按照相同的二维码体系独立标识，便于企业对产品的供给质量、数量的精确管理和控制。组织可以审查与规范上游供应商的供货原料质量与数量，并以二维码系统予以标记，建立产品原材料与零配件的全程可追溯系统、物流仓储监控系统，以及针对产品质量问题的追溯与倒查机制。组织通过实施品牌溯源体系，可以将对产品的质量控制从组织自身经营延伸到源头管理，以有效提升原材料和零配件品质与数量、流通过程管控质量与管控效率，降低组织经营的风险，提升经营成效。

组织对下游厂商的管理与维护，可以通过构建二维码系统建立品牌产品标识，采用二维码标识的品牌产品给供应商进行供货，以有效确保品牌产品的正品与良品的交付品质与交付数量。组织依据实时监测的产品二维码信息，可以准确跟踪和掌控品牌产品的物流信息与销售信息，及时地了解企业产品的销售分布，并以此实现对于客户产品信息与销售信息的精确掌控。注重以所掌握的最终销售信息与供应商进行结算，明确奖惩措施，可以有效提高对经销渠道的监测与管控，并有效地解决常见的市场窜货问题，有利于组织维护品牌形象，维持品牌的市场体系的稳健发展。组织利用二维码系统建立产品标识识别，还可以在销售产品上有效地区隔竞争品牌产品与假冒伪劣产品，通过对于产品信息的精确掌控有效化解由此引发的质量纠纷与销售纠纷。

五、品牌溯源防伪的实施方法

组织实施有效的品牌溯源防伪需要领先的溯源防伪系统与技术作为支撑，还需要富有经验的实施团队与科学的实施方法。目前通过二维码技术实施溯源防伪日趋重要，其应用也更为广泛。利用二维码技术实现品牌溯源防伪的方法步骤主要包括：（1）规划和建立企业品牌溯源防伪系统；（2）设计产品的二维码标识体系；（3）对接政府监管平台；（4）部署移动互联应用服务。

（一）规划和建立企业品牌溯源防伪系统

组织实施品牌溯源防伪，首先需要明确应用需求，契合企业实际情况和产品特点部署合适的二维码管理应用系统，构建适用的产品溯源防伪与数字营销体系。其次，组织需要建立产品品牌的统一标识，建立电子品牌追溯体系。最后，组织需要利用电子品牌的追溯系统构建附着在商品上的二维码建设、监测与管控体系，基于二维码的数字营销体系，以有效运营二维码体系提高产品与数字品牌经营的成效，实现产品与品牌的有效保值与增值。

（二）设计产品的二维码标识体系

组织需要根据国家二维码注册解析中心提供的码制进行评估与选择，选择出企业要采用的二维码。根据企业的管理要求，建立企业产品编码体系。根据确定的编码体系和码制，设计企业编码和识别规则，完成整个品牌二维码追溯防伪体系的构建。

当前中国的二维码标识体系主要为IDcode标识体系，采用了国际通用“元”标识体系。企业可以根据自己的实际情况去选择适合的码制，完成二维码的编码规则。比如供应商、原材料、产品、经销商等的编码规则，以及根据企业管理要求设计出的不同角色要识别，采集不同的信息的识别采集规则。根据编码规则，系统就可以自动将各类对象信息按照相应的原则进行编码和标识。对产品生成的二维码，系统可以根据识读规则，自动采集各自相应权限下的管理信息，同时记录产品流通各个环节的信息，并通过线上线下的业务拓展，实现品牌的保值增值。

（三）对接政府监管平台

组织应与政府对产品品牌的监管职能部门有效沟通与协作，完成企业系统与政府监管平台的对接，完成产品二维码的产品的注册、过程监管以及各个流程数据的更新，保证企业品牌和产品在政府各职能部门监管之下。同时也为消费者提供了安全、可靠的产品和品牌的认证平台。

（四）部署移动互联应用服务

组织应基于二维码应用的场景，利用移动互联技术完成二维码移动互联应用服务的部署，实现企业管理者和作业人员利用便携设备识别二维码、记录作业信息之用。

对于组织管理者，可通过网络及移动互联系统，扫描二维码实现产品信息的查询、渠道产品流通信息监管、销售信息管理和客户信息管理。

对于产品管理与作业人员，通过移动互联系统应用服务可以识别产品、记录作业信息，完成产品信息的记录与更新。

对于消费者，可以通过企业的移动互联应用服务获取产品、品牌的信息，通过连接认证平台，查询产品的防伪信息，也可通过政府监管公共服务平台实现产品的溯源查询。通过服务平台与组织实现有效互动，及时获取促销信息和深度的客户关系管理服务。

在品牌溯源防伪系统的后续建设与经营过程中，企业在增强实力、积累应用技术和经验的基础上，还可以参与行业标准的制定与推广，增强行业话语权和控制力。企业还可以在实施全面、精准、实时的数字化管理，有效掌控产品与品牌信息的基础上持续提升核心资源和能力，逐步统一市场布局、统一销售网络、统一营销体系、统一服务模式，实现精准的数字化管理。

六、二维码技术在品牌营销中的应用

我们认为，未来二维码技术不但将在品牌认证、溯源防伪中发挥重大作用，还将在实施数字品牌营销，尤其是品牌推广、促销、客户关系管理方面为组织提高品牌经营成效发挥巨大作用。企业可以以二维码应用体系构建与运营为核心，有效监测与管理附着在产品上的二维码信息，协同管理组织经营中的产品流和品牌信息流。构建生产与销售数据罗盘，监测与分析消费者行为，监测分析移动数据，并以此为依据，实施精准的数字品牌营销，规划实施智能网站应用、用户社交应用，移动营销，并开展深度的客户关系管理、沟通与服务。

（一）品牌推广

利用二维码技术的大数据存储能力，组织可以在产品销售的同时，在二维码上附加更多的产品与品牌信息，实施低成本的品牌推广与市场信息调研活动。组织可以在产品随附的二维码中设置与存储更多的企业和品牌信息，消费者每次扫描二维码即可自动展示企业品牌的内容，实现品牌的免费推广。

组织通过对于消费者扫描码次数与扫码内容的统计分析，还可以进行消费者消费行为分析与研究，根据分析结果，实现客户的精准营销以及品牌精准推广。

（二）促销

组织可以利用二维码技术集成多种服务自动传播的特点，有针对性地通过二维码实施品牌促销与市场活动。组织可以利用二维码集成企业的各种服务，包括新品推荐、扫描购买产品、促销活动等，消费者可以通过扫描产品的二维码赢得优惠，以此实现更多的订单转化率。

同时，组织可以利用二维码技术利于移动互联的特点，利用二维码进行各种营销活动，与消费者实施互动营销。比如抽奖活动、有奖调查、市场活动等，吸引更多的潜在客户群体与已有客户群体参与其中，有效增强品牌与消费者的接触与沟通，增加良好的品牌体验与消费黏性。

消费者也可以拍摄品牌二维码并通过移动网络分享给自己的好友，有效增大客户接触面和促销范围，增加组织粉丝数量，增强与忠实用户的沟通与联系。

（三）客户关系管理

组织可利用二维码技术在构建产品唯一性识别和产品消费同步性方面的优

势，在将二维码作为产品标识的同时，可以在产品消费过程中努力实现消费者的消费认证与客户资料收集，并逐步实施深度的客户关系管理与精准营销，增进用户的品牌忠诚与重复消费。

组织还可以将品牌二维码作为客户服务的入口，导入组织的服务接口，为消费者提供直接服务。组织通过消费者的扫描二维码动作可以及时收集消费者的真实消费信息，进行定向分析，更好地为消费者提供精准、及时、个性化的产品与服务。同时，组织通过获取消费者扫描信息及后续沟通信息可以及时获取客户消费信息与消费反馈，有利于组织及时响应消费者对产品的需求和满足客户的个性化需求，也有利于组织根据客户反馈持续优化产品和服务，持续改进产品与服务品质，在增强客户服务的过程中持续提高品牌满意度与品牌忠诚度，赢得竞争优势。

参考文献

[1] 凯文·莱思·凯勒. 品牌管理战略 [M]. 李乃和，吴瑾，邹琦，等译. 2版. 北京：中国人民大学出版社，2010.

[2] 杰斯帕·昆德. 卓越公司 [M]. 王钰，译. 昆明：云南大学出版社，2002.

[3] 杰斯帕·昆德. 公司精神 [M]. 王钰，译. 昆明：云南大学出版社，2002.

[4] 曼弗雷德·布鲁恩. 传播政策 [M]. 易文，译. 上海：复旦大学出版社，2015.

[5] 唐·舒尔茨. 整合营销传播 [M]. 何西军，黄鹂，等译. 北京：中国财政经济出版社，2005.

[6] 唐·舒尔茨，菲利普·凯奇. 全球整合营销传播 [M]. 何西军，黄鹂，张怡，等译. 北京：中国财政经济出版社，2014.

[7] 特伦斯. 辛普. 整合营销沟通 [M]. 熊英翔，译. 5版. 北京：中信出版社，2003.

[8] 戴维·阿克. 管理品牌资产 [M]. 奚卫华，董春海，译. 北京：机械工业出版社，2006.

[9] 戴维·阿克. 创建强势品牌 [M]. 吕一林，译. 北京：中国劳动社会保障出版社，2004.

[10] 戴维·阿克. 品牌组合战略 [M]. 雷丽华，译. 北京：中国劳动社会保障出版社，2017.

[11] 郭伟. 品牌价值管理 [M]. 北京：中国人民大学出版社，2010.

[12] 朱熹. 周易本义 [M]. 北京：中央编译出版社，2018.

[13] 翁向东. 本土品牌战略 [M]. 2版. 南京：南京大学出版社，2015.

[14] 仇德辉. 统一价值论 [M]. 北京：中国科学技术出版社，1998.

[15] 仇德辉. 数理情感学 [M]. 长沙：湖南人民出版社，2016.